住宅が資産になる日

村林正次
(一社)不動産総合戦略協会　理事長

プラチナ出版

まえがき

この本のタイトル「住宅が資産になる日」は言い換えると「これまでの住宅は資産ではない」ことを意味していますので、10年前であれば、すんなりとは受け入れられなかったでしょう。

この本では、わが国では「住宅が資産ではない」ことを認識し、その問題と背景等を論じたうえで、「住宅が資産となる」ための処方箋を提示することを目的としています。

安全で効率的な安定した日本の社会のなかで、昨今の住宅は一戸建てもマンションも、規模面や機能・性能面でそれなりに良くなっていますし、住宅ローンは超低金利ですので、問題がなさそうに見えます。しかし、それでも住宅には資産としての価値がなく、これが大きな問題なのです。

個人の資産は金融資産（多くは預金）と住宅（土地と建物）で構成されていて、相当な額です。住宅は負債も多いですが、返済すれば純粋な資産であるとの前提です。多くの国民は土地神話（マスコミ用語ですが）のもと、住宅価格は上昇し続けたこともあり、これを疑わないまま時は過ぎてしまいました。

しかし、さすがにバブルが終焉し、失われた20年後の景気回復もリーマンショックで水をさされたこと、また、空き家の増大が紙面をにぎわせたこともあり、住宅は売れないと実感するようになりました。このため、住宅には資産としての価値がないのではないかとの認識が浸透してきました。

このため国においても、中古物件の情報の透明化や改修等の対応をはじめ、国民の大きな資産であるはずであった住宅を少しでも流通させることにより、価値を高めようとしています。しかし、これらは対処療法に過ぎず、当面は相当数供給される新規物件もそのままでは、これまでと同様の中古の物件となるだけです。

住宅の流通市場は、一般的には中古市場と呼ばれていますが、本来は「既存住宅市場（ストックとしては既存住宅であり、そこに毎年新規の物件が加わるという構図）」です。しかし、中古の物件という意味では、中古市場との呼び方は言い得て妙かもしれません。

「住宅市場」には通常の維持管理をしていれば、「いつでも売却・賃貸できる状況」の意味合いがあり、そこで取り引きされる住宅は資産価値があります。

長年にわたって価値がないものを作り続けてきたつけは大きく、ダメなものはダメであり、本質的な問題は何といっても「住宅市場（既存住宅＋新築）」自体がないことです。

日本の住宅は買った日の翌日から価格が下がるという状況であり、20年も経てば売れない、価値がなくなるものだと半ばあきらめたかのように受け入れています。

確かに、従来の住宅購入の目的は資産形成というよりは、終の棲家とするためであり、退職後はローン支払いもなく住み続けられることができることが大きかったと考えられます。しかし、超高齢社会のなかで、今や住宅は終の棲家でもなくなっています。後期高齢者になれば否応なく心身ともに弱り、多くの人々が介護状態に陥ってしまいますが、そうなると住宅での夫婦あるいは一人暮らしは実質的に不可能です。また、老人ホーム等の関連施設に転居しようとしても資産価値がないため売れませんので、売却による住替えは難しくなります。もちろん、一定の土地の価値があればリバース･モーゲージを使えますが、これもかなり限定的です。

転居の必要がなくても、数十年にわたり数千万円を返済（投資）してきたものが、全く売れない、価値がない状況は、本来あってはいけないことです。

このような実態･認識のもとでは、意味のない「持家」か「借家」がまじめに議論されるのも無理からぬことだったかもしれません。住宅が本来の資産であれば、損得勘定面であれば比較するまでもなく、「持家」です。

本来であれば、住宅購入時には年収の３～５倍程度の価格で無理なくローンが組めて、返済に応じてその分を担保にしたローン（ホームエクイティローン）が可能となり、さらに、全額返済時には適切な価格で売却・賃貸、そしてリバース・モーゲージが可能となるという、生涯にわたって増価し、資産として活用可能となるはずです。

住宅の資産化は、単に住宅単体、個人資産の問題ではなく、都市全体、社会全体の問題です。すなわち、「住宅の資産化」は「都市・社会の資産化」でもあります。その意味で今後の高齢社会、縮退社会に対して個別、バラバラの施策が講じられていますが、住宅が資産であってこそ年金の意味も高まり、ゆとりある生活設計が可能となりますので、改めて、「住宅の資産化」に焦点を当てて、その実現方策を講じることが喫緊の課題といえるでしょう。

これまで長期にわたり住宅は資産でありませんでしたので、これからでは、他の国々のように資産とすることはできないのでしょうか。答えは否です。手遅れ感はありますが、これから本気で取り組めばまだまだ、十分間に合うものです。

繰り返しになりますが、住宅問題は住宅単体の問題ではありません。日本全体の社会システムの問題の縮図であり、住宅の将来を語らずして、都市、国土、日本社会の将来像は語れないものです。

現在は「住宅は資産でない」ですが、必ず「住宅が資産となる日」は来ます。そして、本来の住宅取得のあるべき姿である「適切な負担で資産となる住宅を取得すること」ができるようになります。

本書では、このような問題認識のもとに、最初に資産価値のない住宅が供給され、数千万戸の資産価値のない中古物件の集積となってしまった経緯と課題をみるために、戦後の住宅の供給および関連の政策や民間の関連業界の動向をまとめ、その際に、持続的に住宅を資産として形成してきた米国の状況に触れます。

そのうえで、日本の住宅が資産となるための処方箋をまとめました。住宅を資産とするには住宅単体の改善だけではなく、住環境、都市・国土空間に至るすべての空間面での改善を目指した政策面、住宅産業面、資金面等の関連主体による過去を清算した取り組み、そして、何よりも国民の意識面での改革が必要となります。

これらを適切に行うことにより、必ず、住宅が資産となる日が訪れます。早く手を付けるほど早く実現しますが、遅すぎると間に合わないかもしれません。

一般の住宅購入者・所有者の方々を主な読者として考えていますが、関連する政策担当者、融資をする金融関係者、住宅を建設・住宅地を開発する工務店や設計者・デベロッパー、住宅関連の研究者そして資産管理などを担う弁護士・税理士・フィナンシャルプランナー等の多くの方々にもこの状況を改めて、認識していただき、住宅を資産として考えていただきたいと思います。

本書が住宅の資産化への新たなスタートの契機にならんことを！

目次●住宅が資産になる日

第2章 空き家の増加では何を象徴しているのか

第３章

なぜ、住宅は資産でなくなったか

第4章 米国の住宅はなぜ資産となっているか

第5章 住宅の資産化への処方箋 ―住宅政策から国土政策まで

装丁・本文デザイン　二ノ宮匡
図表制作　川田あきひこ
DTP　トゥエンティフォー

第1章

住宅は資産ではない

1 住宅が資産でないこととは何を指すのか

1 「住宅が資産であること」とは

本書のテーマである住宅としての資産とは「適正な維持管理をしていれば、いつでもマーケットの中で売却・賃貸できること、すなわち、換金性がある」ことを意味しています。

わが国では、長年にわたる住宅ローン負担の末に得たその住宅は、実質的には売却できません。もちろん、東京都心部等の一部のエリアではいつの時代も一定の資産としての価値はありますが、それは限られた特殊なマーケットです。

このことからも、住宅の価値は「立地条件」でほぼ決まることが改めてわかります。かつて、米国の大都市の都心部は荒廃し、良好な住宅地は郊外に移動しましたが、東京の都心部は江戸時代から持続的に安全で、効率的で、快適な空間であったため、住宅マーケットとしても優位にありました。このため、住宅単体の性能・機能そしてデザインがどうであろうと一定の価値を有してきましたが、その結果として、本来は美しい街並みの形成や良好な環境維持システムが不可欠なものではなくなり、さらなる高付加価値化が実現しませんでした。

いずれにしても、日本の住宅は購入した時が最大価格であり、購入した直後には中古の物件として大幅に価格が低下していきます。もちろん、購入後、数年内であれば、大幅な価格低下はあっても、売却は可能かもしれませんが、20年も経てば、価格にかかわらず売却はできないのが実態です。

このことは購入した住宅を受け入れる「住宅市場」自体が存在していないことを示しています。

現在は、住宅市場は新築市場と中古市場とに分けて使われることが多いのですが、この中古市場の実態は、単に中古の物件に過ぎず、市場になっていません。

米国では既存住宅（existing house）と呼び、中古という概念ではありません。すなわち、現時点で存在する住宅ということを意味し、新築はそこに新たに加わる履歴のない住宅であるということだけです。また、価値の減少は経過年数に応じたものではないということも意味しています。

ちなみに、日本では住宅の取引の大半は新築住宅ですが、米国等では逆です。

日本人は中古がきらいで、新築好きだから中古住宅（本来は既存住宅）は売れない等と言われたこともありましたが、その視点もなくはないですが、実態としては購入に値する住宅がないから新築住宅を選択せざるを得ません。

また新築は、建設費そして家具や電気製品の買い替え等も含めて、景気への効果が大きいから新築への誘導を図っているなどともいわれます。確かに、何でも製造すればその分は経済効果ですが、これも果たして算定値どおりなのか疑問です。なぜなら、住宅を購入後に買い替え等をするつもりであれば、安心のためにずっと住まう場合のものより維持管理や補修費をかけ

図表1－1　既存住宅流通シェアの国際比較

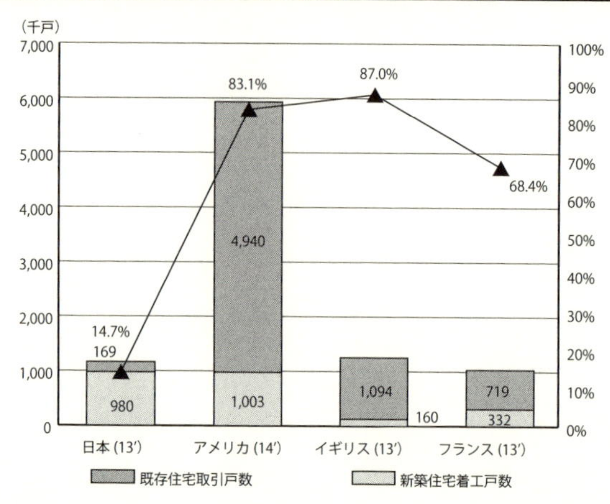

（資料）日本：総務省「平成25年住宅・土地統計調査」、国土交通省「住宅着工統計（平成26年計）」（データは2013年）

アメリカ：U.S.Census Bureau「New Residential Construction」,「National Association of REALTORS」（データは2014年）

イギリス：Department for Communities and Local Government「Housing Statistics」（データは2013年）

フランス：Ministère de l'Écologie, du Développement durable et de l'Énergie「Service de l'Observation et des Statistiques」「Conseil général de l'environnement et du développement」（データは2013年）

注1）フランス：年間既存住宅流通量として、毎月の既存住宅流通量の年換算値の年間平均値を採用した。

注2）イギリス：住宅取引戸数は取引額4万ポンド以上のもの。これにより、データ元である調査機関のHMRC（英国歳入関税庁）は、全体のうちの12%が調査対象からもれると推計している。

るはずであり、その結果、売却して買い替えればキャッシュアウトすることも可能であり、そうすればその分を他の消費に向けることができます。

また、従来の住宅のままでは数十年前からの状況と同じで新築分がそのまま空き家となってしまいます。

2　何のために住宅を取得してきたか

海外では住宅を取得することは資産形成となりますが、日本では、そうではありませんでした。昭和初期ぐらいまでは、住宅金融が整備されていなかったため、一般的には持家が難しく、現役時代は借家住まいが普通でした。しかし、戦後は住宅難対策のなかで持家政策に重点が置かれたこともあり、家を所有することが現実的になりました。住宅ローンの負担は高度成長時代においては十分支払うことができましたし、自らの家を持つということ自体が大きな目標となっていました。

それは、老後（退職後）に家賃を払わないで済むという生活面で安心することと同義で、現役時代に多少負担が大きくても、老後には居住に関する負担がないことで大きな安心感を得ることができました。

かつては「住宅双六」といわれ、振り出しは、「都会の単身アパート暮らし」、つぎに結婚して新婚時代の「ファミリータイプの小規模賃貸マンション」を経て、「分譲マンション購入」、そして、「マンションを転売して郊外に庭付き一戸建て住宅」を所有上がりとなるものでした。とにかく、庭付きの一戸建て住宅は夢でした。

これがすっかり変わったといわれて久しいですが、これもある意味、今でも通用する住宅取得の基本的な考え方かもしれません。

しかし、「マンションを転売して郊外の一戸建て」を取得するには、一部の都心部のマンション以外は簡単には高値では売却できません。また、上りの庭付き一戸建て住宅の多くは50坪の土地に120㎡程度の物件ですので、上りにするにはあまりに貧弱なものですし、もちろん、転売などできません。

この住宅双六は間違いではなく、たとえば、米国では資産価値のある郊外の一戸建て住宅の取得を上がりとしていますし、そのなかでライフステージに応じた住替えを繰り返すことにより、終の棲家を見出しています。

したがって、これを全面的に否定する必要はありませんが、昨今の住宅双六の変貌の背景は、一戸建て住宅に魅力がなくなったこと、都心部の超高層マンション等が上がりとして位置付けられるようになったこと、そして終の棲家が住宅ではなく、各種の高齢者施設等になりつつある状況等だといわれています。

いずれも、日本の住宅事情を端的に示しています。まず、一戸建て住宅に魅力がなくなったことについては、十分ではない住戸・庭の広さであり、売るにも売れない、貸すにも貸せない状況がようやく明確になりつつあること、家族形成時に購入した住宅規模が夫婦二人では広すぎて管理しにくくなったこと、そして、諸外国に例をみない超高齢社会になったことなどが原因としてあげられます。これらは、住宅が本来の資産となっていれば多くは解決するものです。

いずれにしても、硬直的な従来の住宅双六はもう成立していないでしょうが、だからと言って郊外の一戸建て住宅ではダメということではありません。

これまで、退職後の居住の確保という安心のために取得してきた住宅も決して安心ではないことが明白になりましたので、改めて、**住宅を資産として考えることが一層重要になってきた**というわけです。

2 住宅が資産でないと何が問題なのか

1　国民の豊かな生活を享受する機会を喪失させている

住宅が資産でないことの問題をひと言で言えば、「**住宅が資産であれば、本来はもっと豊かな生活をおくれたはずである**」ということに尽きます。言い換えると、膨大な購入資金が投資となっていないことが問題です。現状では実質的には賃貸していることと変わりません。むしろ、住替えが自由にできないなど、賃貸住宅のメリットを享受できない分、持家が不利になっている可能性もあると思われます。ですから、本来は起こりえない「持家か賃貸か」論争が常に起きていました。

近年は家計収支の生涯シミュレーション等によるライフマネジメントに関するコンサルティングが行われるようになってきましたが、最大の出資である住宅購入の適正な負担とは何かを再考することが重要です。

住宅ローン完済後は、ローン負担という住宅費負担はなくなりますので、それで良いのではないかとの考え方が流布しています。ローン返済後に快適に住むには、一定の維持管理費がかかりますが、とにかく住むことができれば良いという観点からは何も手を入れなくても住むことは可能です。

しかし、それで満足してはいけません。とにかく、数十年間、豊かな生活を犠牲にして膨大なローン返済をしてきたのですから、それなりの資産となっていなければなりません。

電気製品や自動車であれば、最初から償却資産であることは自明であり、誰も数十年使い回すとは考えていませんし、価格もわずかです。住宅は多くの国民が数千万円という額を負担しますので、比較にならない大きな額です。

現役生活を終えた老後は、生活資金としては貯金・年金（これも十分ではありませんが）がありますが、本来はさらに住宅資産の活用を図るべきです。大きな住宅ローン負担感は、将来の所得の上昇期待と老後の住居負担がなくなることへの安心感で相殺されてしまっていましたが、結局、割高な住宅購入費は家計を大きく圧迫することになり、他の支出が大幅に抑制されてしまったのが実態です。

2　住宅市場が形成されていない

住宅は一戸建てもマンションも多くが取引されていますが、新規物件の売買が多く、中古の物件は都心部等の立地条件が極めて優れている一部の物件に過ぎません。

日本では取引の大半が新規物件ですが、欧米諸国では逆で、新規物件のほうが少ないのです。これはなぜかと言いますと、日本では、中古の物件は取引する対象物件となっていないからです。すなわち、中古の物件には価値がないということを表しています。

本来であれば、新規供給物件は次の日からは既に市場にあるという意味での既存物件となり、それらが流通することになります。当然、次々と新規供給がなされれば既存物件が累積されてきますので、既存物件が大勢を占めるはずです。そして、**この大勢を占めている既存物件の集合体が住宅市場となります**。

日本では、中古の物件は山ほどありますが、流通していませんので、これは、住宅市場とはいえません。なかには中古住宅市場が整備されていないから中古の住宅が流通しないとの意見もありますが、逆です。近年、空き家が問題になっていますが、空き家の発生は住宅が世帯数より多いからではなく、供給された住宅に価値がなく流通しないため、住宅市場の外にあるからです。市場の外にある空き家です（賃貸でも一定の空き家が必要ですが、これは市場内での必要なものです）。

国でも中古住宅活性化ラウンドテーブル等において、中古住宅の円滑な流通方策を総合的に検討しており、取引の手続面や評価面、消費者保護面等で一定の成果を挙げていますが、そもそも、存在している中古の物件自体に価値がないため、これらを抜本的に流通させることはできません。

住宅市場は経済面でも大きな役割を担っています。新規の建設やそれに伴う家財等の消費の面ばかりが強調されてきましたが、住宅の資産価値の活用や適切なローン負担による消費力の面があまり認識されてきませんでした。

いずれにしても、国民最大の資産であるはずの住宅の市場が十分形成されていないことが大きな問題だと認識するべきでしょう。

住宅が資産となっていないための問題の例として、定期借地権契約でもおかしな点があります。一般定期借地権で建物無償譲渡型の場合、土地所有者に無償で返還することになりますが、契約期間近く（5～10年）に借地人が修繕した場合は、土地所有者が有償で買い取ることになります。これは契約時期近くになると借地人は修繕など維持管理の動機がなくなり、建物の傷みがひどくなると予想されるためで、無償で返還されてもそのような状態であれば、そのままでは使えずに結局取り壊し費用がかかることになるためとの理由です。

しかし、これはおかしい話であり、借地人は貸家を建設してテナントを入れている以上、必要な維持管理をすることは義務であるため、契約期間近くになっても損傷がひどい状態で貸していること自体が本来的にはあり得ないことです。また、借地権付きマンションの場合は借地人が居住しているため、維持管理が手薄になる可能性もあるかもしれませんが、これも多少管理が手薄になっても住宅の価値が大きく損なわれること事態があってはならないことです。

普通に維持管理することが義務化されていない、さらには、そのことが確認できないまま貸すことができている状況を改善すべきでしょう。通常の管理をしていれば数十年はもちろん、100年以上でも使える住宅であることが当然であり、それで初めて、地主が長期に定期借地する意味があるというものです。根本が間違っていると他にも派生することになります。

3 なぜ、住宅が資産でないことが問題として顕在化してこなかったのか

「住宅」は国民（住宅購入者、使用者）、国、工務店、金融機関等の多くの主体が相互に関連してきました。

たとえば、国の政策目標は戦後の大量需要・大量供給時代が終わっても「国民の資産形成」とされてきませんでしたし、国民は住宅を資産として考えて取得してきませんでしたし、工務店は業界として総合的・統一的に対応できませんでした。その結果、プレハブ化や工業化のもとにハウスメーカーの登場を許しましたし、そして、何よりも本来は担保価値に厳しいはずの金融機関は、住宅の担保価値に基づかない保証会社に依存した住宅ローンを提供してきました。これらは、各主体がそれぞれの事情を相互に反映してきましたので、どの主体が悪い等とは言えないかもしれませんが、結果的に住宅を資産として考えてこなかったこと自体が資産とならなかった理由といえるでしょう。その意味では、必然だったのかもしれません。

また住宅や住環境は、一般の製造物のような償却資産ではありません。空間の使用価値を中心とした価値であり、「物」のように時間に応じて劣化する性格のものでもありません。しかし、残念なことに一般的には、住宅も他の物と同様に時間が経って古くなれば価値がなくなると考えられています。住宅を構成する部材や設備は物ですから、確かに経年劣化しますが、それらは劣化や陳腐化した場合は、取り換えるなどにより更新

すれば良いだけです。住宅という住まいの空間は、時間が経っても本質的な価値は変わらない性格を有します。

また、住宅の資産価値の有無は住宅単体だけに依存するのではなく、それ以上に、立地する住環境自体の優劣に依存しますので、きちんと維持管理すれば、むしろ時間の経過とともに価値は上がるものです。

欧米では、多様な人種構成、異なる宗教、経済的格差等の社会問題が深刻なため、住環境にとって基本的要件である「安全・安心」を確保すること自体が大きな課題であり、その解決に苦慮してきました。そして、その解決のために住宅所有者による維持管理組織（HOA：Home Owners Association）の設営や厳しい環境規制等を行ってきました。その結果、一定の条件を充足することによる資産マネジメントが形成されてきました。

一方、日本では、幸いなことに欧米のような社会問題は少なく、道を隔てると荒廃地区があるというような、環境が全く異なるような状況にはありませんでした。大都市においても犯罪は少なく、女性が夜、一人で歩ける状況でした。また、木造密集市街地では防災面では大きな問題をはらんでおり、いまだに東京でも最大の都市問題として残されています。しかし、そのような地区は昔からのコミュニティが残っており、防火などには住民自身が注意していますので、火災発生率は極めて低いものがあります。このため、安全・安心面での問題は顕在化しませんでしたので、海外での住環境におけるように住環境の資産化への配慮への必要性が感じられませんでした。

しかし、これからは、この安全・安心面からも予断は許さない状況にあると思われます。

また、住宅地開発が盛んな時期は高度成長時代であり、景気は良く、すべてが右肩上がりでしたので、「土地神話」という、まさに神話が作られてしまい、何となく土地価格がずっと右肩上がりであれば上物はどうでもいいとの感覚が国民の間にできてしまいました。

その後、２度のオイルショックも乗り越えてバブル期を迎えたこともあり「住宅」は資産だとの妄想が浸透しましたが、バブルは崩壊して、長い間「失われた時代」を過ごすなかで次第に住宅への信頼が薄れてきました。そして、近年、改めて、膨大な空き家の存在が一般にも知られるようになり、ようやく、住宅の価値について疑念を持ち、どうすべきかが話題になってきました。

第 2 章

空き家の増加では何を象徴しているのか

1 増え続ける空き家問題とは

住宅数が世帯数を上回ったのは、半世紀前の1963年（1.01住戸／世帯）です。その後、ずっと空き家は増加を続けてきましたが、昨今、マスコミをにぎわせたのは直近の調査（2013年住宅・土地統計調査）において820万戸が空き家であったとの結果を重大視したためです。確かに、総住宅数の13.5％が空き家という事実は、一般的には驚きを持って受け取られてもおかしくはありませんが、住宅に関わってきた専門家や関連事業者等は既知のこととしていましたので、今ごろ、マスコミ上で話題になったことに驚きを隠せません。

新築の供給は低下傾向にありましたが、それでも都心部には超高層マンションが建ち、また、相続対応等のために賃貸住宅が多く建設されていましたので、このまま、供給が続けば、さらに空き家が発生し大変なことになるとの危惧感を蔓延させました。しかし、**問題は空き家の数ではなく、空き家が発生する構造**にあります。

空き家を論ずる前に、この背景であるこれまでの住宅の供給動向を振り返って概観してみます。

1　半世紀続く住宅過剰

戦後のわが国の住宅政策では、終戦直後の420万戸という深刻な住宅不足に対する応急・緊急措置的な供給が重視されましたので、「量」の確保が最優先課題に掲げられました。

50年代からは日本住宅公団、住宅金融公庫、公営住宅制度の３本柱体制が確立しました（65年の住宅供給公社を含めて4本柱とも呼ばれます）。さらに66年には都市部への人口集中や世帯の細分化（核家族）などを理由とした需要増に伴う住宅不足を解消すべく住宅建設計画法が施行され、国としての予算措置に裏付けられた計画的な住宅供給がなされるようになりました。これらにより、戦後の深刻な住宅難は大きく改善され、持ち家率も60％を超えるようになりました。その後も新規住宅供給が続きましたので、**国内の住宅は量的には充足していることは事実**です。

全国ベースで初めて総住宅数が総世帯数を上回ったのは、総務省統計局住宅・土地統計調査の1963年調査時ですから、第一次住宅建設五箇年計画時には全国ベースではすでに一住宅・一世帯が実現していました。その当時以後に本格的に供給が進められたため、日本の住宅はそれ以降50年以上も住宅戸数が世帯数を上回り続けていることになります。73年にはすべての都道府県で総住宅数が総世帯数を上回り、一世帯当たり住宅数も73年調査時に1.01と初めて1.0を超え、13年には1.16戸へと上昇が続いています。08年に比べると総住宅数の増加率は5.3％である一方で、空き家の増加率は8.3％でした。また、一戸建ての増加率が4.2％でありましたが、共同住宅は6.8％（このうち15階建以上の共同住宅47.6％）と大幅な増加でした。

着工戸数はリーマンショック後の08年から09年には109万3,500戸から78万8,410戸と約30万戸減少したものの、住宅ローン控除や「フラット35S」の金利引下げなどの住宅政策のテコ入れにより、10年からは件数が増加し、13年は98万戸まで回復しました。その後は、やや低迷しましたが、15年は90万9,299戸、16年は96万7,237戸、そして、17年は96万4,641戸です。当面は90～100万戸程度の着工数が見込めるものの、人口・世帯数の減少を背景に、将来的には新築住宅の飛躍的な増加は考えられない状況にあります。

図表２－１　住宅着工戸数の推移

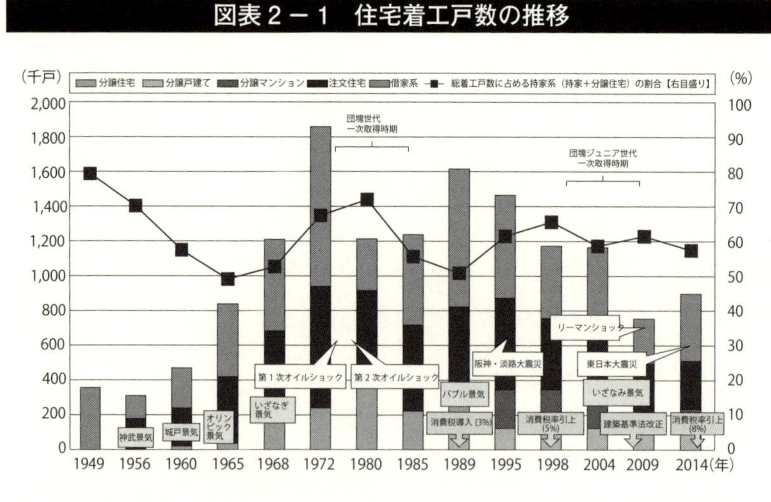

※ S23 ～ 25 年は、利用関係別に統計をとっていない。
※一次取得時期は 30 歳代前半（30-34 歳）とした。
（資料）住宅着工統計（国土交通省）

一方で、今後は中古物件の購入が新築よりも伸びていくことが期待されていますが、実際には改修により利用できる中古の物件はそれほど多くありません。

既存住宅市場の形成・発展には更なるインフラ整備が必要ですが、それまでは後述するように空き家の活用等も含めて多様な手だてを総合的・効果的に打っていく必要があります。

2 空き家の実態と発生の背景

1973年に全国ベースで住宅戸数が世帯数を超えてからは、ずっと住宅建設の増加に伴い空き家も年々増加していますが、住宅・土地統計調査（総務省）による近年の状況をみると、

図表2－2　空き家の種類別内訳

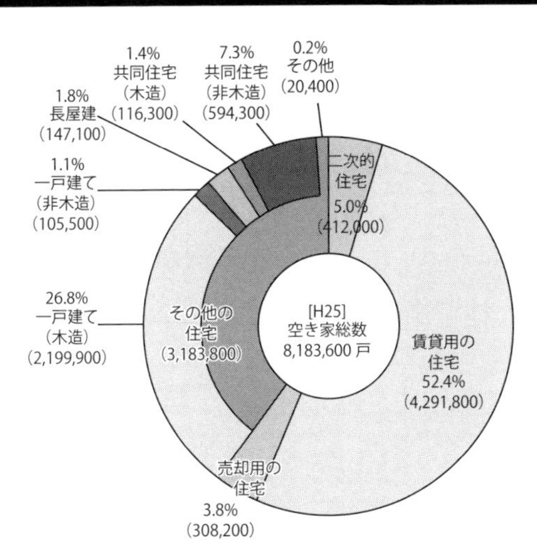

出典：平成 25 年　住宅・土地統計調査（総務省）

2013年（平成25年）では820万戸です。総住宅数に占める空き家の割合（空き家率）は2013年では13.5％とほぼ7～8戸に1戸が空き家という結果が出ています。

過去のデータと比べてみると、平成5年には空き家総数は448万戸であったため、その増加数は大変大きいのですが、変化量をみると平成5年から平成10年の5年間には129万戸、平成20年から平成25年の5年間では63万戸と半減しています。平成5年から平成25年までは増加数は減少傾向にあります。

平成13年時点の空き家の総数約820万戸が大きな数字であったため数字が独り歩きしていますが、空き家の実態を見るにはこの総数だけでは片手落ちです。このため、その内訳をさらに見てみますと、「賃貸用の空き家」は約430万戸、「その他の空き家」は約320万戸となっています。そして、この「その他の空き家」が一般の持ち家住宅の空き家であり、本来はこれらの多くは空き家になるのではなく、流通して居住している住宅でなければならないものです。この約320万戸のうち、腐朽・破損の無い空き家は約103万戸、**さらに駅から１ｋｍ以内に立地し、簡単な手入れにより活用可能な空き家は約48万戸**です。これらも必ずしも市場で流通できるとは限りませんが、一定の活用の可能性はあるということです。

言い方を換えると、改修等により利活用可能な条件を有している住宅は空き家のうちの一部にすぎないものであり、このことは、空き家の大半は住宅としての使用に耐えず、空き家のまま、単に古い建物として放置されることを意味しています。上記のような外形的な条件下でも820万戸のうち、最大でも48万戸しか再利用の可能性がないのであり、残りの772万戸は利用価値のないただの古い建物でしかありません。

さらに言えば、空き家になっていないすべての住宅も近い将来は空き家になってしまう空き家候補なのです。

賃貸用の空き家は賃貸市場においては一定の比率はあるべきです。オフィスでも同様ですが、正常なマーケットでは5～10%の空き家の存在は健全です。現在の住宅の空き家の最大の問題は、この空き家の大半がマーケットの外にあるということです。すなわち、多くが流通せずに埋まらないということです。

数十年前から住宅数が世帯数を上回り空き家が大量にあったにもかかわらず新築着工が続いているのは、既存住宅として流通しない住宅、すなわち、賃貸や再販できずに空き家になってしまう住宅が大半を占めてきたからです。

したがって、空き家が多くあり、住宅が余っているからといって、新築をしなくても良い訳ではありません。そして、本来はこの新築物件がきちんと流通しさえすれば空き家は必然的に減少し、新築が減少しても住宅マーケットとして成立します。

空き家となる背景としては、家屋自体の老朽化や、性能・機能の欠如等により居住に適していない状況にある場合が多いのですが、機能・性能については政策のもとに業界も努力してはいるものの残念ながら、現在に至るまで、住宅として十分な性能・機能を有している住宅は限られているのが実態です。

さらに、これとは別に「相続」が空き家の契機になっているケースも多くみられます。昨今は高齢化を背景に相続人が高齢化しており、さらに相続人がすでに家を所有している場合が多いため、仮に優れた住宅であっても、相続人が相続して、居住することは少なくなっています。また、長男長女時代であるため、夫婦それぞれが相続すれば必然的にどちらかの住宅は居住されず、また、その家を処分することができずに空き家になっています。また、複数の相続人が共有しているケースも多く、この場合は処分の意思決定が難しくなるため、空き家のまま放置されることになります。これは空き家の利活用の大きな障害となっていますし、また、これらは取り壊すと固定資産税の軽減措置がなくなるため、改修や修繕もされずに放置されることが多くなっています。

3　空き家問題と対策とは

上記のような背景のもとで発生した大量の空き家が存在することによる問題は、政策面と社会面の両面があります。

前者は適正な住宅市場を形成するという住宅政策問題であり、今後さらに住宅の資産化やセーフティーネット等の総合的な政策立案のなかで検討される必要があります。後者については、地域の犯罪や火災等の安全面での危惧や景観の阻害等の社会問題で、これらが混同されて議論されている向きもあります。マスコミでの扱いは後者の社会問題として捉えることが多くみられますし、空き家を壊した場合の取り壊し費用や固定資産税の高騰、そして相続問題等の個人的な費用負担面での問題として扱われます。確かにこれらについては個々にとっては大きな問題であることは間違いがありません。相続による空き家が放置されているのは、すでに相続者が住宅を保有しているため、相続者が住まず、また、売却や賃貸しようとしてもマーケットの外の物件なのでできないためもあります。そのうえ、壊さないほうが税金面で有利であるからであり、所有者自らが壊して、更地にする動機がありません。

多くの地域で空き家が増加するに応じて、地域への外部不経済が社会問題になっており、適切な取り壊しが求められていますが、従来は税金で壊すことへの抵抗や個人の資産を行政が勝手に取り壊すことができないため、放置される一方でした。

要するに費用と制度の課題を解決できないままでした。費用対効果的に言えば、税金で取り壊して、新た住宅を建てる等により再整備することによって該当地域の価値が上がることになれば、税金投入の効果はあるといえます。

ただ、これも、日本の行政は投下した税金の費用対効果を明確にしてこなかった経緯もありますし、また、「なぜ、空き家の発生を止める政策を取ってこなかったのか」との批判も顕在化するため、行政はこの観点から税金によって積極的に取り壊すことはできなかったと思われます。

しかし、さすがに空き家問題が大きな社会問題となり、同時に空き家のリノベーションの事例等も増えてきましたので、行政も積極的に対応を始めています。

多くの問題を抱える空き家を法的に処理するために、自治体では「空き家条例」（自治体の空き家／老朽建築物等適正管理条例等）が制定（平成26年10月時点で401条例）されてきました。条例を制定することで、「管理不全な状態」の空き家の所有者に対し、その条例に基づく勧告等に従わない場合は、当該所有者氏名等の公表や警察への依頼、最終的には撤去も行える（行政代執行）対処方策が可能となりました。

しかし、自治体の対応だけでは十分ではないため、平成26年11月に「空家対策特別措置法」が公布され、平成27年5月に施行されました。国は基本指針（５条）を策定し、自治体はこれに即した、空き家等対策計画を策定（６条）・協議会を設置（７条）、都道府県は、市町村に対して技術的な助言、市町村相互間の連絡調整等必要な援助（８条）を行うとされています。

特に、市町村長は、「特定空き家」を認定し、所有者等に対し、除却、修繕、立木竹の伐採その他周辺の生活環境の保全を図るために必要な措置をとるよう助言または指導、勧告および命令することができるとともに、その措置を履行しないとき、履行しても十分でないとき、または履行しても期限までに完了する見込みがないときは、行政代執行法の定めるところに従い、当該措置を自らし、または第三者をしてこれをさせることができます。また、市町村長は、過失がなくてその措置を命ぜられるべき者を確知することができないときは、その者の負担において、その措置を自ら行い、またはその命じた者もしくは委任した者に行わせることができます。自治体への財政委任措置としては、社会資本整備総合交付金等の基幹事業として、「空き家再生等推進事業」(除却事業タイプ)およびさらに総合交付金の別枠での措置として、「空き家対策総合支援事業」(平成30年年度予算にて、27億円)が講じられています。

「特定空き家等」に係る土地に対しては、「住宅用地に係る固定資産税及び都市計画税の課税標準の特例措置の対象から除外する措置」が平成28年度以降の年度分の固定資産税に適用されることになりました(地方税法349条の3の2、改正法附則17条3項)。また、空き家の発生抑制のための税制措置として、「相続人が、相続により生じた古い空き家又は当該空き家の除却後の敷地を平成28年4月1日から平成31年12月31日までの間に譲渡した場合、譲渡所得から3000万円を特別控除する」としています。

このように国や自治体において積極的な取り組みがされつつありますが、いずれにしても**大半の空き家は住宅の流通市場の外にあります。リノベーションにより活用されたとしても、その数は空き家数に比べてわずかでしかない**と思われます。

空き家の発生原因は、これまで建て続けてきたほとんどの住宅に価値がなく、そのために、健全な住宅マーケットができてこなかったことに収斂するため、これから建築する新築物件に対して何も講じなければ、今後とも空き家数はさらに増加を続けることになると思われます。

4　空き家の利活用対策

究極の空き家対策は必要な一定割合以上の「空き家を発生させない」ことであり、これは住宅市場を構築することに他なりません。

周辺環境への影響を抑えるため、あるいは問題を解決するための政策は、空き家条例等で対応され始めています。大半の空き家は住宅市場の外にあるものですが、だからと言って放置していいものではないため、住宅市場形成の面の他、セーフティーネット面での住宅政策、まちの安全・安心な福祉政策、まちづくり政策等の観点から、空き家という住宅自体としては価値がなくなった空間を工夫して、他の用途への転換などにより利活用するさまざまな取り組みが有効です。この観点からも各自治体で取り組まれています。

そもそも空き家の存在自体が問題でしたが、ようやく取り壊し・除去が空き家条例により、一定の空き家（特定空き家）においては行政執行ができるようになりましたので、次の段階のさらなる対策は、各地の空き家を修繕等により活用するものです。

空き家にも多様な状態があり、歴史的な価値を有するもの、一定の手を入れれば居住可能となるもの、地方への移住者のために活用可能なもの等があります。

数量は少ないですが、空き家を非常に低廉な価格で個人や不動産業者が取得して、それを修繕して居住することにより新築物件より低価格で取得して住まうことが可能なケースもあります。また、地方へ移住するために適当な住まいを探している移住希望者もいますので、これらのために空き家を活用すること自体は重要です。いくつかの自治体では、マッチングをするための「空き家バンク」を創設しています。しかし、空き家をそのままで使えるケースはほとんどないため、一定のリノベーションが必要ですので、単に空き家情報を集約するだけでは、すぐには活用することができません。歴史的な文化的価値があり、それを住宅や宿泊施設にすることで新たな住まいとすることは可能ですが、そのための資金的手当てが連動していないと机上の理論となりがちです。

また、利用者は全国ベースで空き家の利活用候補を探すため、自治体別に空き家バンクがあっても不十分でした。

個人が住替えや地方への移住のために活用したり、デベロッパー等が新たなビジネスとして活用しようにも自治体別のバンクや地域の不動産業者に紹介を依頼するのでは限界がありました。

自治体ごとに各々設置され、開示情報の項目が異なる等もあり使いにくいと指摘がされたため、国土交通省が開示情報の標準化を図りつつ、各自治体の空き家等の情報を集約して、全国どこからでも簡単にアクセス・検索できるようにする「全国版空き家・空き地バンク」の構築に取り組み、公募で選定した民間の２つの事業者（株式会社LIFULL、アットホーム株式会社）により試行運用が開始（平成29年10月）されています。

これは今後多くの自治体が参加することにより、空き家の市場としての意味を持つと考えられます。個々の物件の情報についてはさまざまであり、築年数や建物の損傷状態等については詳細が掲載されていないため、個々に問い合わせをするなり、現地での確認が必要となります。

また、これらは個々の利用者が自己居住用の家屋を探すには非常に有用と考えられますが、事業者が空き家のリノベーションによる再生事業を目的とする場合は、詳細な情報の付加とともに資金調達方策（たとえば、家屋再生ファンド等）が連動していると、さらに使い勝手の良いものになると考えられます。

もっとも、近年では資金面でも各種のファンド（町家再生ファンドや小規模な建物のリノベーション用の小規模不動産特定共同事業（平成29年11月創設）等）が用意されつつあるため、これらをうまく活用することにより、一定水準の空き家（古民家や堅牢な古い築年数の住宅等）を再生して、流通させることが可能とはなっています。

どの程度の数の自治体が登録するのか、具体的にどのようなサービスが提供されるのか、どのような需要者がアクセスするのか、そして、実際にどのような成果が挙がるかは今後を見守るしかありません。空き家自体に住宅としての価値がないため、抜本的な空き家対策になるとは考えにくいのですが、過渡期の空き家対策としては一定の成果は期待できると思われます。

繰り返しになりますが、住宅マーケットとしては分譲でも賃貸でも、一定の空き家は必要ですが、それはあくまで取引可能な物件であることが条件であるため、空き家バンクに登録されるような物件では無理がありますので、やはり、このような空き家を発生させないことが重要です。

空き家等を大幅に改修するリノベーションや、他の用途転換を図るコンバージョンによって福祉方面において重要な役割を果たすことが可能です。福祉施設は多様でありますが、それらの多くは収益性が低いため、新規建設することが困難ですので、一定の水準を有する空き家を利活用することにより初期投資を軽減することができます。

この意味では、住宅政策面からも空き家を有効に活用することが可能であり、有効です。たとえば、公営住宅機能そして高齢者の居住支援面からの利活用です。公営住宅制度は戦後間もない1951（昭和26）年に制定された公営住宅法に基づいた日本の住宅政策の3本柱の一つであり、「国及び地方公共団体が協力して、健康で文化的な生活を営むに足りる住宅を整備し、これを住宅に困窮する低額所得者に対して低廉な家賃で賃貸し、又は転貸する」ものです。その後、財政面の制約などから新規供給は抑制され、長寿命化に力点が置かれています。建替えに当たってもPFI/PPPの活用を図る等により、戸数は増やさないあるいは減少させて、他の用途との複合化等により対応しています。

また、公営住宅は所得の低い若年世帯が入居し、その後、所得の増加に応じて他に転出し、新たな入居を迎えるものでありましたが、収入が増加せずに高齢化してしまうこと等により、結果的には同じ世帯が継続的に専用的に居住してしまうことになってしまう等の状況もみられます。このような場合に、公営住宅からの転出の受け皿として空き家の活用が考えられています。これが円滑に進めば、高齢者が転出した後に新たな若い世帯が入居することになり、当初の政策が実現されます。

この場合に対象となる高齢者においては、単身では生活が困難になるためケア付きや数人で暮らすシェアハウス等の形態が必要とされますが、現行法では、集団で暮らす場合は寄宿舎扱いとなり通常の住宅では対応できないため、多くの空き家が利用しにくいのが実態です（同時に空き家の所有者が相続者共有であったり、他人に貸したがらない等の事情もあります)。

このため自治体によっては、この制約を払拭して積極的に若者のシェアハウスや高齢者のグループホーム等として活用する方策を講じています。たとえば、東京・豊島区では条例案の制定時には、建築基準法にない利用の仕方のため国土交通省は難色を示していましたが、条例（豊島区空き家活用条例/施行日：平成30年４月１日）を制定し、「家族的住まい方」に認定された場合には、このような使い方として空き家を活用するために必要な支援をすることとしています。この条件では、居住数は４人以上、居住者は18歳以上、居室の床面積はそれぞれ７平方メートル以上であること、などの条件を満たして「豊島区家族的な住まい方認定審議会」からの認定を得て、区から認定済証が交付され、認定を受けた後も、年１回以上、防災訓練を実施することや緊急事における連絡体制を確保することなどが必要になります。

このような動きが次第に広がっていくと期待されます。

2 郊外住宅地の崩壊のさらなる進行

1 郊外の戸建て住宅地の崩壊

住宅の空き家はすべからく大問題ですが、さらに言えば、発生する地域によって状況は大きく異なります。都心部での空き家は老朽化していて性能・機能に多少の課題があったとしても、その良好な立地条件下では一定の強い需要があるため、賃貸住宅であれば原則的にはマーケットに必要な一定の割合の空き家として位置付けられます。

オフィスでも住宅においても、賃貸マーケットにおいては5～7％の空き室が必要であり、これより低ければタイトなマーケットであり、高ければ供給過剰状態な歪んだマーケットであると考えられます。それもマーケットとして成立・整備されている状況のなかでの話であるので、現状の賃貸住宅はそれ以前の状況であるため、空き家率云々を問えるものではありません。言い方を換えるとマーケットにある空き家は7％ぐらいなら問題はなく、また、この場合は、賃料を下げるか、マーケットが改善されれば入居されますが、現状では都心部等での一部の地域にしかマーケットがないため、賃料を下げても入居に至らない状況にあります。

一方で郊外の戸建て住宅地の空き家・空地化は深刻です。多くの住宅地での空き家・空地化は不可逆的であり、住宅地自体の崩壊につながっており、これがさらに進行しています。

昨今は人口減少により世帯が減少し（高齢単身世帯等はまだ増加する等世帯構造は変化している）、空き家が増えることが問題視されていますが、かつては人口・世帯急増による宅地・住宅が足りないことが大きな問題になっていました。当時は宅地の供給が足りないため良好な住宅・住環境は実現できないとされてきましたので、この経緯から言えば、近年では宅地は十二分にあるため住環境の改善は可能なはずです。

数十年前から需要急増に対応して、鉄道沿線に大規模な一戸建て住宅団地が整備されてきましたが、もし、後述するような一定エリアでのエリアマネジメントが継続的に展開されていれば、一部の住宅地では空き家・空き地がそれほど増加しなかったと思われます。

建築協定や地区計画等を策定している地区も多くありましたが、建築協定は10年目に大半が解除していますし、地区計画はデザインや管理面等の資産価値に係る項目については決められず、何よりも罰則規定がないため、有名無実になってしまうことが多いと思われます。

また、適正な維持管理等を図るにしても最初の住宅や外部環境の水準が低ければ、そのまま維持しても資産価値の向上を望むことは難しいと思われます。

本来はかつて望んできたゆとりある郊外一戸建て住宅が取得可能な社会環境になりましたが、総量としての宅地は充足しているものの、膨大な小規模宅地が散在また好立地エリアでは足りないというミスマッチ状況にあることがこれからの課題といえます。マーケットがある中心部の空き家増加（利活用の可能性が有るため）での再生に比べて、立地条件の悪い郊外部の再生は、困難であり深刻であるため抜本的対策が必要となります。

2 郊外集合住宅団地の崩壊と再生への萌芽

高度成長時代に全国各地で建設された大規模な集合住宅団地では、空き家の戸数の多さや一度にまとまって発生すること等から、団地を含む地域全体の衰退につながる恐れがあるため、一般の既成市街地での空き家・空き地問題とは別の意味で問題化してきました。

すなわち、同じ時期に同じ世帯構造の人々が大量に入居したため、当然のごとく高齢化も同時進行しますので、多くの団地で建物の老朽化とともに少子高齢化や空き室化が一気に進みました。

また、当時は最先端であったDKの間取りや住戸規模も、時代の生活スタイルに合わなくなりましたし、さらに問題なのは、多くの5階建て住棟にエレベーターが設置されていなかったことです。このような状況が1990年代頃から各地で顕在化し、大きな社会問題となってきました。千里NT（ニュータウン）、多摩NT、千葉NT等の大規模NTでは、計画していた、宅地・住宅がすべて処分される前にこのような少子高齢化問題が生じていますので、空き家対策を講じつつ同時に未処分宅地の処分問題が残されています。

しかし、一方で救いもあります。築後50年以下のRC造の公営・公団（現都市再生機構：UR）・公社等の公的団地や民間企業の団地や社宅等は、建蔽率・容積率も低く、隣棟間隔は十分あり、緑は豊かであり、基本的インフラも整備されているため、客観的にみると再生の面からは一般市街地に比べて有利な面があります。これまでとは全く異なる新たなコミュニティの形成を図る可能性を秘めています。

空き室化等による団地の荒廃は地域への影響が大きいものがありますが、**団地を適切に再生することができれば、地域全体の再生に大きな貢献を果たすことができる**と考えられます。

たとえば、３万戸、13万人を有する千里ニュータウンは、多様な住宅形態を含む大規模住宅団地の魁として1960年代から開発されてきましたが、一時は高齢化の進展や空き家の増加等による団地全体の荒廃が懸念されて、新聞の社会面でも大きく取り上げられてきました。しかし、その後の関係主体の取り組みにより、再生事業が分譲住宅は1990年～2000年ごろに本格化し、賃貸住宅も2005年から開始されましたし、その後、センター地区の再生等も含め、全体的な再生が実施されてきました。その結果、新たな施設が立地する等、改めて、良好な住宅地として再評価されています。

首都圏では多摩ニュータウンにおいても、多様な取り組みが行われています。多摩ニュータウンは、喧伝されているような全域にわたる高齢化や空き家の増加による荒廃が進んでいる状況にはまだありませんが、たとえば、初期の分譲団地である諏訪団地ではさすがに老朽化し、大手デベロッパーにより建替え事業が実施されました。

この他にもURの再生の方針に沿って、多摩平地区で３事業者による「たまむすびテラス」（多摩平の森　ルネッサンス計画２「住棟ルネッサンス事業」）が実施されましたが、多様なサービス機能の導入や機能構成による新たな環境再生のモデルとして話題となりました。

他にも、全国各地で公団・公社等の公的団地のみならず民間事業者による団地においても、団地再生に向けての方針等の策定や具体の建替事業・リノベーション事業が実施されつつありますので、今後大いに期待が持てます。やはり、道路・鉄道や公園等のインフラがしっかりしている地区と、その他のスプロール的な乱開発を中心とする地区とでは大きな差がついていきます。

また、一時期にしか建てられなかった「スターハウス」（星形住宅）が建て替えられています。高コスト等であまり普及しませんでしたが、おもしろい形態で人気がありました。これらの一部がリノベーションされて再生されています。

この事例としては、たとえば、都内最後のスターハウスである「野方団地」（中野区）（２棟、25戸）では、内装を改修して、外壁も塗りなおし、敷地内の道路や植栽なども整備されています。通常は高層・高密に建て替えられますが、ここでは既存の建物のリノベーションなので当時の趣を残しながら、ゆとりある住環境での新たな賃貸住宅として生まれ変わりました。

また、大規模で高層（14階、221戸）の千里竹見台団地26号棟では、当時の特徴を残しながら平成30年には建替え工事が着工しており、数年後には新たな姿となります。

都市再生機構（UR）では、残念ながら、新たな住宅の供給は原則的にはできませんが、これまでの高水準のインフラや、周辺環境を活かした建替えやリノベーション等による再生が進められています。

3　もう一つの団地再生

全国各地での団地再生の動きは、ますます広がると思われますが、地価が高く、余剰容積があり、自力建替えが可能な団地は次第になくなっています。極論すれば、大物でできるところはすでに実施され尽くしたともいわれています。

一方、計画的団地の性格として容積が余剰、ゆとりあるオープンスペース・緑地、高い道路率等の優れた生活環境形成へのポテンシャルがあるため、今後はさらに新たな視点での取り組みが期待されますが、それを「もうひとつの団地再生」と呼んでいます。

AHLA（もうひとつの住まい方推進協議会）の2017年度フォーラム（平成29年12月２日開催）では、このような社会問題となっている団地再生を「もうひとつの団地再生」というテーマに掲げて開催しました。

ここでは「コミュニティ再生」および「新たな地域拠点形成」が主な論点とされました。

集合団地では高齢化が進み、高齢単身世帯も多いことから、やはり高齢者サービスの充実が課題となります。

子育て世帯については、リノベーション等により住戸を世帯の生活ニーズに合うように更新・改修すれば入居可能であり、また、保育所などについては、住棟の内外に整備しやすいため、今後は十分対応可能であると思われます。

高齢者支援は支援内容が多様で、人手不足等もあり、老朽団地では難しい面がありますが、神奈川県藤沢市の湘南ライフタウンにあるUR都市機構パークサイド駒寄団地では、小規模多機能介護を事業展開しているサービス供給事業者（(株) ぐるんとびー）自身が団地の住戸にオフィスを構え、さらにはサービスを提供している職員が団地内に居住するという効果的な対応を図っています。**「時間も曜日もすべてオーダーメイド」「必要なときに必要なだけ利用できる」「突然の泊りでも対応」等を標榜・実践**していて、これまでのサービスとは格段の違いで現場の職員さんにとっては大変だと思われますが、柔軟かつ機敏で多様なサービスが享受できるため、団地内の高齢者には大変好評です。

URはこの事業者に対する住戸の賃貸等においては制度上の制約もあり、当初は必ずしも全面的に協力的とはいえませんでしたが「ぐるんとびー」の実践が評価されつつあり、近いうちには他の団地にも広がり、ひとつの大きなビジネスモデルになると期待しています。

かつて、住宅公団や住宅供給公社そして民間の事業者たちは、先進的なセンスを持って、海外の大規模住宅地開発や集合住宅団地を勉強し、それまでに日本にはなかった団地等を早期に大量に整備しました。このこと自体は、素晴らしい実行力であり、明治維新以降、震災・戦災での住宅不足に対応した大量供給に大きな貢献をしました。しかし、計画論やハード面での導入が中心であり、住宅地経営の面でのノウハウの導入ができていなかったことが残念なことでした。また、当初から今日の問題点である、高齢化、偏った年齢構成、建物の老朽化、低水準の性能（EV、断熱性等）はある程度予測することができたはずだと思われますので、数十年後の問題顕在化への対策を講じて置くべきであったと悔やまれます。

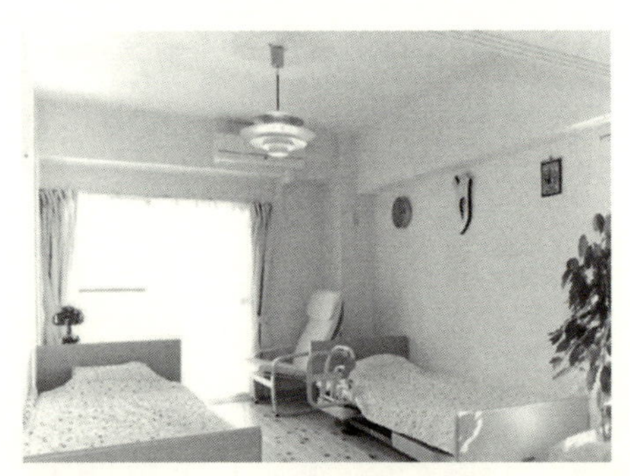

「ぐるんとびー」のオフィス内部およびパークサイド駒寄

3 リノベーションは救世主なのか

昨今、「リノベーション」に関する記事が一般紙にも見られるようになりました。特に空き家対策の一環として取り上げられることが多くなってきました。

良い物件を古いからといってすぐに建て替えてしまうことには違和感があり、かなり前から古い建物のコンバージョンやリノベーションの動きを見てきました。

元来、住宅は資産価値を維持するために定期的な修繕等の維持管理はもちろん、ライフスタイルの変化やライフステージに対応したリモデリングが必要でした。しかし、十分な躯体・広さがなければリモデリングも限界があり、また、元のプランが悪ければリモデリングしても他の世帯のニーズに応えられないため、転売ができません。

昨今はどうにもならない中古の物件をリノベーションにより、低廉な新築もどきに仕立て直す例が増えています。これにより、新築物件の購入力のない若い世代が住宅を購入することができている面もありますが、家主も取り壊し費用が負担となり、タダ同然の空き家に値段が付いたと喜んでいる状態ですが、おかしな話です。

建築業界としても新築需要が減少しているなかでは、中古の物件の改修事業のほうが旨味があるため、多くの業者が雪崩れ込んでいるのが現状です。

空き家の増加とともに、これらの動きが従来以上に着目されて「リノベーション」が大きく取り上げられていますが、あくまで資産価値のない物件を少しでも延命させようとするものが大半ですし、また、新築が減少したなかでの業界の生き残りのための事業ですので、住宅市場を構築するものではありません。

しかしながら資産としてのストック形成にはつながらないものの、周辺への悪影響を抑制し、少ない投資で再販できることや低廉な住宅購入の面では一定の意味はあると言っても良いと思います。

1 リノベーションの意義

リノベーションやコンバージョンにより、新たな空間へと再整備している例も多くあり、これらが注目を集めています。住宅はもちろん、特に店舗や倉庫、オフィス等においては他の用途にコンバージョンされ、イノベーションとしての新たな価値も生まれています。これにより再生のきっかけとなった商店街もあります。

従来より、コンバージョンは多様な用途で実施されていますが、特に商業施設では元々10年程度でテナントの入れ替えや改修をしますので、そのタイミングで大幅なリノベーションをすることがあります。

また、市街地の中心部にある旧い石造・レンガ造で当時相当な資金をかけて建築した建物は、現在にはない素晴らしい空間を有しているものがあり、これらを活用して用途を変更するコンバージョンや最新の設備を導入して再生等を図っています。

東京等では震災や戦災で旧い素晴らしい建築物はほとんど破壊されて残っていませんが、地方都市では明治・大正時代の銀行等の建物が残っており、これらがホテルとして再生されたり、百貨店が行政施設を含む複合施設に生まれ変わる等の事例がみられます。

京都の町屋等は、かつては機能や性能が劣るという理由で壊されてきましたが、近年では街並みとしての外観や大胆な梁等の構造が改めて脚光を浴びて、再評価されています。公的支援もあって、外観を残しながら住宅や宿泊施設等の用途として転用されており、リノベーション対象物件の取り合いになっている状況です。

それらに比べて、郊外一戸建て住宅は少なくとも構造的に長期に耐えないものが多く、さらに街並みとしても優れたものがないことからも、大半はリノベーションに耐えられません。一方で、それらは住宅としての価値は全くないに等しい物件であるため、取得コストが低廉・タダ同然であるため、外装も含めて、リノベーションにより、一定の短期的な居住ニーズに対応した住宅としての再販は可能ですので、これらが中古の物件のビジネスモデルとなっています。

このこと自体は悪いことではなく、使えるものは少しでも使うという意味では有意義だと思いますが、近年の工務店そして大企業においても新築が減少するなかで、大半の企業がリノベーション業務に重点が傾斜しつつあるため、その中には質の悪いものも含まれています。

繰り返しになりますが、資産価値のある住宅であれば、ライフスタイルやライフステージに対応したリモデリングにより、永続的に資産として活用できますが、近年のリノベーションでは、その後は継続的な活用は望みにくいと思われます。

リノベーション・コンバージョン後の用途としては、住宅もさることながら、ニーズはあっても新築ではコストが合わない高齢者支援施設（ケアハウス、訪問介護サービス施設等）やコミュニティカフェ等が地域再生のために有用であると思われます。

このように地域のニーズに対応して、必要な機能を比較的低コストで提供するには有用ですし、その場合も空間面での設計力が重要となります。

2　リノベーションによる都市の価値向上

そもそも、世界的には「都市全体の価値」向上のための空間形成を目的に都市を創ってきており、そのうえで、需要の変化に対応した長年にわたるリノベーション・コンバージョンによって熟成させています。

たとえば、ヨーロッパ先進国の都市は、すべからく堅牢で美しい建物で都市が構成されていますが、ロンドン、パリ、ベネチア、フィレンツェ、クラクフ等々、枚挙に暇がありません。

中世から世界的な交易等により**大きな富を得た者は都市に投**

資して、長期的な利益を得ようとしました。かれらは大地主でもありますが、地主は自らが事業をするものではなく、土地からの収益を如何に高め、継続的に得ていくかに腐心します。そのため、土地を売却せずに長期間の定期借地により事業者に土地を貸与し、そこに最大限の投資（すなわち、資産を生む建物）をさせて、地代を得ます。当面は比較的少ない地代収入だけですが、借地期限後は建物は譲渡（建築投資なくして建物を手に入れます）され、その所有者として数百年にわたって膨大な賃料収入を得ることになります。建物に投資する事業者は、土地コストは低い地代のみですので、借地期限まで賃料収入を得て、投資リターンを得ることになります。

当初の建物が堅牢で何よりも「美しい」すぐれたデザインであることにより、建物自体の価値は継続し、長年にわたるリノベーション等が可能となります。

これが、本来の「都市のリノベーション」の意味であり、それが一巡した数百年後には、都市の再構築のための都市のイノベーション段階となりますが、ロンドンやパリ等はこの段階に入ったともいえます。

ここが日本と欧米の都市との決定的な違いです。欧州は大地主による資産化、米国は細分化・分割された土地所有者の資産化という違いはありますが、都市空間への投資の考え方は同じです。日本では、戦後は大地主による長期的資産形成を図ることが制約され、さらに、街並み形成システムがないままに、小規模土地所有者個々の短期的利益を目指す個々の建築に委ねてきたため、戦後のバラック時代を転換できないまま現在に至っています。

都市整備や建築物の規制・誘導等は、その目的が都市および建築の利便性・効率性・快適性重視であり、これはこれで重要でしたが、肝心な資産形成や都市経営の観点は考慮外でした。

景観も重要性が唱えられていますが、資産価値の基盤としての認識は薄いものです。都市は街並みで構成されていて、その街並みは将来的にも多くに評価を得られる優れたデザイン・質であること（建物自体が優良であり、都市はその集合体として優れた街並みであること）が不可欠ですが、これは海外の都市すべてに言えますが、少なくとも近代以降の日本の都市ではほとんど当てはまりません。

都市に長期的に膨大な投資をし続けたのは江戸時代であり、

図表2－3　市街地のストックと都市のリノベーション・イノベーションの流れ

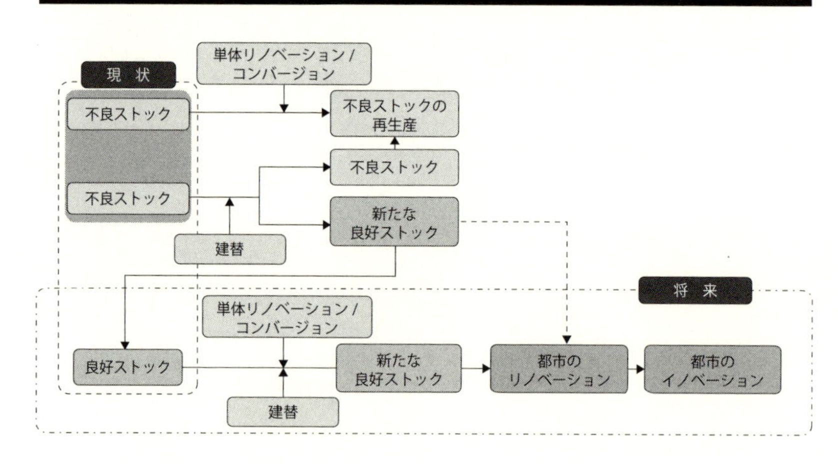

その結果として、地主による貸家による経営そして軸組構造で瓦屋根の統一的な街並みが形成され、多様な文化の醸成と経済活動により世界最大のサステナブルな都市として興隆しました(不燃都市づくりはできませんでしたが)。

東京は膨大なインフラ投資がされて、経済的には優れた世界都市となりましたが、都市空間全般のストックの形成面では江戸に適いません。これから100年かけて、ストック化を図ることができるリノベーションへの取り組みが必要とされます。

3 リノベーションの普及

リノベーションが新築と異なる側面として、リノベーションに関する業界団体が優れている面があります。従来は新築住宅の工務店・建設業者等の団体がいくつもありましたが、少なくとも現時点では、それぞれバラバラであり、業界での統一的なルールづくり等を図り業界全体を盛り上げる機運はみられません。

全国各地ではさまざまな都市・地域の再生が行われていますが、昨今ではリノベーションによるものが多くみられます。一方で、地域の価値ある資産を見いだせない、あるいは、それを再生に活かす事業力がないなどの課題を抱えている地域も多くあります。そのような地域をサポートする動きとして、官民それぞれで下記のような対応がなされています。

①まちづくりのためのＰＲＥ有効活用ガイドライン

国土交通省（土地・水資源局）は、公的不動産の合理的な所有・利用のために「公的不動産の合理的な所有・利用に関する研究会（PRE 研究会）」を設置し、地方公共団体における公的不動産の適切なマネジメント（PRE（Public Real Estate）戦略）について手引書としてまとめました（2012年）。

さらに、都市局により、「都市のリノベーションのための公的不動産活用検討委員会（PRE 検討委員会）」（2013年６月）を設置し、都市のリノベーションのための PRE のまちづくりへの有効活用に関するガイドブックとして作成されています（2013年）。

②リノベーションスクール

リノベーションスクールは、北九州市の都市政策「小倉家守構想（2011年３月～）」のコア事業に位置づけられています。2011年８月より産官学連携で半年に1回、基本的に各回４日間、2017年までに計12回開催されており、これで一旦終了しましたが、2018年には新たなステージへの取り組みとして復活（帰ってきたリノベーションスクール北九州）しています。

具体的な案件を対象にしたリノベーションを通じて都市再生手法を学び、体験する場ですが、修了生は1000名を超えています。現在は、不動産オーナーのための講座や、商店街での新たなビジネスオーナー発掘の関連イベントを加えて、「リノベ祭り」と銘打った大々的なフェスティバルとして開催されています。地域再生のムーブメントを起こすべく、「北九州から全国へ」という普及のコンセプトのもと、北九州を始め、和歌山、仙台、福井、田辺、山形、鳥取、熱海、高岡、福山等、全国30か所以上で開催されています。

事業化した案件は9件。現在計画中・事業準備中の案件は計15件。32件の遊休案件に対して24件の実事業化もしくは事業準備中・計画中の案件を生み出しています（平成26年6月現在）。

http://kitakyu.renovationschool.net/

全国の空き家・空地の数からみれば事業化案件数は少ないように思えますが、人的ネットワークの形成も含めて、影響は大きいと思います。今後ともさらなる拡充が期待されるものです。

③家守ブートキャンプ

「家守ブートキャンプ」とは、全国各地で物件のリノベーションを軸に、地元の「再生」を目指すチームに経営スキルの開発養成を短期間に行うもので、一般社団法人公民連携事業機構が主催しており、「リノベーションスクール」と一体的運営（家守ブートキャンプは家守会社をつくることが目的。家守ブートキャンプが車輪で、リノベーションスクールはエンジンという位置づけ）がされています。

官民合同による実践面を重視しており、すでに全国25か所以上で実施しています。「エリア・イノベーターズ養成・ブートキャンプ」という集中合宿形式で事業計画を策定し、さらに、その後に、中心市街地活性化法（1998年施行、2006年改正）に基づくTMOに変わる実践的なまちづくり会社を設立して事業を開始しています。

リノベーションに関する人材育成面で大きな役割を果たして

います。

④一般社団法人リノベーション住宅推進協議会

誰もが安心してリノベーション住宅を選べるように、中古住宅がきちんと流通する世の中にしていくためにリノベーションにかかわるあらゆる事業者が横断的に集まった団体として「一般社団法人リノベーション住宅推進協議会」が設立（平成21年５月）されました。実績のある多くの企業等（正会員（297社）、賛助会員（141社）、特別会員（４名・９法人・３自治体））が参加しています。http://www.renovation.or.jp/

対象は単体（マンションの一室や戸建住宅）のリノベーションから、マンション一棟丸ごとリノベーションまで多様です。

業界団体として、これまで不安定であったリノベーションの基準づくりをはじめ、適格Ｒ住宅（きちんと検査をしたうえで必要な改修工事を施し、その記録を住宅履歴情報として保管し、これにより点検やメンテナンスがしやすく、将来売却するときにも役に立ちます。また、万が一の不具合に対してもアフターサービス保証がついてくるので、安心して選べるリノベーション住宅）を認定し、全国展開（総会員数: 938団体）を図っています。

これらの動きは国の政策にも反映されており、従来のいわゆる「中古住宅」のマイナスイメージを払拭し、「住みたい」「買いたい」既存住宅を選択できる環境の整備を図るため、国土交通省の告示による「特定既存住宅情報提供事業者団体登録制度（安心Ｒ住宅）」が創設（告示公布平成29年11月６日・施行平成

29年12月１日）されました。特定既存住宅情報提供事業者団体登録規程※に基づき、本制度の適正な運営を確保するために必要な体制および資力を有する団体（特定既存住宅情報提供事業者団体）として、一般社団法人優良ストック住宅推進協議会（スムストック）（大手ハウスメーカーの業界団体）、一般社団法人リノベーション住宅推進協議会、公益社団法人全日本不動産協会（(公社）全日本不動産協会）の３団体が登録されています。

「安心」とは、①新耐震基準等に適合する、②インスペクションの結果、構造上の不具合および雨漏りが認められず、既存住宅売買瑕疵保険の検査基準に適合していることを意味しており、現行の建築基準関係法令等への適合や将来にわたっての地盤の不同沈下や地震後の液状化について保証するものではなく、資産価値を表象しているものでもありません。

※「安心Ｒ住宅」の標章の使用を希望する事業者団体の登録要件や申請手続き等を定めたもの等は協議会の活動や実績そして提言などを背景にしている面があります。

以上のようなリノベーションを普及する取り組みが官民で行われていますが、米国では業界団体であるホームビルダーズ協会が建築の基準を策定するなど国への影響力が大きく、工法や部材の統一化、性能・機能そしてデザインの共有を図り、効率的な経営そして資産価値のある住宅を中小工務店だけでつくり上げています。

わが国でも、危機感をもって、何とか中古の物件を活用するという多くの企業間の意思が上記の「一般社団法人リノベーション住宅推進協議会」の設立、活動につながっていますので、他の業界や企業においても住宅の資産化を目指した活動を期待したいものです。

第 3 章

なぜ、
住宅は資産でなく
なったか

1 戦後の大量供給需要への対応
―戦後の住宅政策の流れ

日本の住宅の現状は戦災復興の経緯が背景となっています。住宅政策の経緯は多くの資料にありますが、基本的な知見として重要なので要点をまとめてみました。

わが国の戦後住宅政策は、戦災で失われた420万戸の住宅の再建を目指したものでした。420万戸というのは戦災で消失した住宅が210万戸、大陸からの引揚者世帯が67万世帯、戦時中に市街地を空襲による大火災を防ぐために建物疎開（建物を破壊して空間を設ける）した住戸が55万戸、そして、戦時中の供給不足等を併せた数字です。

図表３－１　終戦直後の住宅不足数（1945年８月現在）

	戸数
①戦争による不足	
イ　空襲による消失	210万戸
ロ　強制疎開による除去	55万戸
ハ　海外引き揚げによる需要	67万戸
二　戦争中の供給不足	118万戸
計	450万戸
②戦争死による住宅需要減	30万戸
①－②　＝終戦時の住宅不足	420万戸

出典：戦災復興院統計

戦後の住宅政策は、この膨大な住宅不足の解消対策を中心に展開されました。

終戦から1950(昭和25)年ごろまでは、応急簡易な住宅の供給、都市部での需要拡大の抑制のための人口10万人以上の都市への転入制限等の応急的な措置が図られました。同時に経済復興とともに民間による住宅供給建設は進みましたが、まだまだ不十分であったため終戦直後の混乱期を経て、1945年ごろからは住宅金融公庫、公営住宅、日本住宅公団（および地方住宅供給公社）の融資・低所得者・中堅所得者向けの供給体制の公的制度の３本柱により実行され、数量も含めた建設の目標を掲げた住宅建設五箇年計画のもとでの計画的な住宅の供給を行ってきました。

その後住宅金融公庫は、住宅金融支援機構に改組、公営住宅は応能応益家賃制度の導入等、日本住宅公団は役割を代えて都市再生機構に改組（各地域の住宅供給公社は解散・改組）されつつ、現在に至っています。

これらは大きな役割を果たし、効率的に執行されてきましたが、1960年代以降の住宅余剰時代になっても資産の形成という視点はありませんでした。

現在に至るまで「量から質で」に留まっていますし、長期優良住宅、ZEH（ネット・ゼロ・エネルギー・ハウス）等は必要な性能ですが、住宅の資産化とは本質的に関係ありません。

住宅が資産化されなかった背景を探るために、戦後の住宅政策に関する主要な３つの取り組みの概要をまとめてみました。

1　公的制度３本柱

①住宅金融公庫

戦後の大量供給の必要性に対して、政府の財政基盤は弱く、民間による自力建設に依存することになりました。しかし、住宅金融はまだ未整備であり、民間金融機関では十分に対応することができませんでした。そこで、戦後間もない1950(昭和25)年４月に「住宅金融公庫法」(昭和25年法律第156号) が制定され、長期低利の住宅資金融資を行う住宅金融公庫 (以下「公庫」という) が設立されました。

この財政投融資を利用した間接的な長期固定金利の住宅ローンにより、一定の水準の住宅を大量に供給することが可能となり、大きな役割を果たしてきました。

その後、2000年には、財政投融資制度改革により、住宅金融公庫は自力で債券発行による資金調達を図ることとされ、住宅金融公庫の改革は特殊法人等整理合理化計画 (平成13年12月閣議決定) に基づき、2002年より業務を縮小して証券化支援事業を中心業務とすることになり、2003(平成15)年10月には買取型、2004(平成16)年4月には保証型の証券化支援事業を始めました。そして2007年に住宅金融公庫は住宅金融支援機構へと改組されました。

②公営住宅

終戦直後から、半額国庫補助による応急簡易住宅の建設が地方自治体によって行われていましたが、これは毎年度の予算措置による不安定なものでありました。この制度に恒久性と計画性を持たせるため、住宅の直接的な供給手段として、「公営住宅法」（昭和26年法律第193号）が1951（昭和26）年に制定されました。

公営住宅は憲法25条の趣旨にのっとり「国民生活の安定と社会福祉の増進に寄与することを目的として、住宅に困窮する低額所得者に対し、国と地方公共団体が協力して、低廉な家賃で供給する住宅（法１条）」です。

自力で建設できない低所得者等を対象にして、国の手厚い補助金のもとに建設原価と修繕費等で構成される法定限度額家賃で提供されていました。しかし、1990年代には地価が高水準となるなかで、原価を基礎とした法定限度額が入居者の負担能力を大きく超える水準となったことから、また、一方で継続居住の結果、所得が増加したにもかかわらず、低水準の家賃で居住できることが不公平等との問題や建替え事業後等での利便性等が大きく向上した反面、家賃の引き上げが困難であることなどの問題が顕在化したため、1996（平成８）年に公営住宅法を改正し、家賃水準が低額所得者の家賃負担能力に応じたものとなることを基本としつつ、これに個々の住宅の便益に応じた補正を加える応能応益家賃制度が導入されました。この導入に当たっては自治体が管理する公営住宅の入居者および躯体、利便性等のデータベースが必要となりますが、当時は部分的に大型コンピューターで管理されており、庁内での修正が事実上できなかったり、そもそも、個々の住棟・住戸のデータが整理できていないケースもあり、そのデータベース作成自体が大変でした（その後、公営住宅団地などの長寿命化等のための団地別カルテ等も作成)。国全体としての補正と地域の特性に応じた補正とを併せて運用されています。

1996年の改正においては、同時にそれまでの公営住宅の供給方式である直接建設方式に加え、民間住宅ストックを活用した公営住宅の供給方式として、民間住宅の借り上げ制度も導入されました。この背景としては、国からの手厚い補助があるものの地方公共団体の厳しい財政事情から、直接建設よりは財政面での負担を軽減させて効率化を図ること、必ずしも必要な地域で供給できるとは限らないために生じているストックの地域的偏在の改善を図ること、地域の人口・世帯の減少等の需要に応じて供給量を調整しつつ、効率的に建替え、改善、用途廃止等を行っていくことが必要となっていることなどです。また、低所得者層のみではなく、高齢者世帯や子育て世帯などの新たな公営住宅での政策対象層への適切な対応も求められていました。

先の公営住宅のデータベース化による管理体制の整備がなされたためこのような民間住宅借り上げ制度を円滑に導入することができました。2009(平成21)年には国から、「既存民間住宅を活用した借上公営住宅の供給の促進に関するガイドライン(案)」(平成21年5月　国土交通省住宅局住宅総合整備課)が出されました。

同時期には、政策的住宅として家賃の低減化のために家賃補助の議論も盛んに行われました(現時点でも引き続き議論はあります)。自治体によっては、特定の対象者への支援(①新婚・子育て世帯等への定住支援、②高齢者・障害者等への支援、③

離職者・立退者等への支援等）として家賃補助を行っています。

セーフティネット対策として、長年、直接供給か家賃補助か（レンガか人か）が議論されてきましたが、家賃補助は生活保護との関係、財政負担、適正な運営のための事務処理体制、受給者の自助努力を促す方策のあり方、居住水準が改善されないおそれがある等の課題が多いとの理由で、国としての制度化はなされていません。欧米には国による家賃補助制度がありますが、他の政策との関連も多様であり、そのまま日本に導入することは難しいと思われます。

しかし社会的弱者たちだけが入居する一定規模の住宅棟はコミュニティ面でも課題があり、一定の公営住宅の供給とともに民間賃貸住宅を家賃補助にてうまく活用することは有用だと考えられます。

公営住宅は上記のような政策的住居であるため建設コストや建物の仕様基準がありますので、どの地域でも概ね同様の建物になりがちですが、一部には地域性を活かしたものもみられます。たとえば、茨城県では1975（昭和50）年代に県内の首長からの声を反映して、茨城県営団地六番池住宅ができ上がりました。これは３階建てで瓦屋根を持つ中庭を囲む準接地型低層集合住宅で、住戸にテラスをつけて階段状断面とするなど、まちなみとしても魅力のある意欲的な公的集合住宅ですが、これを契機に全国的に低層の集合住宅が建設されました。

これらの地域性を反映した多くの住宅は魅力的なものでしたが、資産価値の向上というよりは地域性を反映した計画面からのアプローチであったこともあり、また、公営住宅等が中心に展開したため、収益性を重視する住宅公団や民間事業者では大きな流れにはなりませんでした。

③住宅公団（現都市再生機構）

戦後の大都市圏への人口の大量流入に対処するために1955（昭和30）年に日本住宅公団法が制定され、日本住宅公団が設立されました。日本住宅公団は、大都市地域において中堅勤労者向けの賃貸住宅、分譲住宅および宅地の供給を行いましたが、特に大都市圏郊外の大規模ニュータウン開発の実績は大きいものがあります。南面に向いた５階建て程度の中層住宅団地は、当時はそれまでにない「先進的でモダン」な新たな住まいとして人気を博し、公団住宅の団地に住むことが憧れとなり「団地族」と呼ばれました。供給する住戸の標準の間取りとして「台所兼食堂」（もとは1951年の公営住宅標準設計Ｃ型プラン）を採用しましたが、これは海外にはない公団独自のものでダイニングキッチン（DK）と呼ばれて、他にも普及し、住宅の間取りの標準用語となりました。本来は各機能が独立しているものですが、当時の小さな面積のなかで、いかに効率的な居住空間を作り込めるかというテーマには対応しており、それなりの良い使い勝手であったため、現代においても比較的大規模なマンションの間取りもDK（内容は少しずつ変化しています）をベースに表現しています。

大半が南面のかまぼこ型の中層RC住宅等であり、当初は樹木も十分育っていない状態で殺風景な団地も多くありましたが、今では、公園や隣棟間の木々は繁ってきており、良好な空間が形成されています。

また、公団では当時、理想の住まいを求めてさまざまな標準型をつくることを目指しており、多くの形態が検討されました。その中には、「スターハウス」と称される採光・通風に優れた住棟もありました。これはプランとしてはＹ字型であり、階段室を中心として三方向に住戸を配していました（各住戸は相互に接しておらず独立している）ので星形にも見えたため、このように称されました。これは住宅公団の設立以後、10年間ぐらいに集中的に各地に多く建てられました。たとえば、赤羽台団地（1962(昭和37)～1966(昭和41)年）、常盤平団地（1960(昭和35)～1962(昭和37)年）、野方団地（1959(昭和34)年）等であり、これらは4階建てでした。万博開催時の外国人関係者の宿泊施設として位置づけられていた千里竹見台団地（1967(昭和42)～1971(昭和46)年）は14階建てという高層でした。

しかし、工事費の面や戸数確保の面からは直方体のかまぼこ型に劣後したため、「複雑な形状であるため多くのコストがかかる」「大量生産に向かず、住宅の量的要求に答えられない」という理由で、1964(昭和39)年12月には終了し、主流とはなりませんでした。

この他にもタウンハウス等が先導的に各地に建てられました。

一方で、建物の多くはRC造でした。築後30年ごろから老朽化による建替え問題が生じてきました。建替えは老朽化だけが原因ではなく、住戸面積が狭い、エレベーターがない等の要因もありました。当初はモダンな新しい住み方として憧れの的でしたが、高度成長時代の中ですぐに陳腐化してしまいました。

ニュータウン開発は長期にわたるため、後半の開発整備に入った時期にはすでに初期の団地での高齢化問題（小学校が余ることも含めて）が顕在化してきました。

その後、日本住宅公団は、1975(昭和50)年に設立された宅地開発公団と1981(昭和56)年に合併して住宅・都市整備公団に改組されました。宅地開発公団は主に工業団地等を造成していましたが、宅地造成事業だけのため、一時は宅地開発公団が宅地を分譲し、民間ハウスメーカー等が建物を分譲するという共同分譲方式が取られました。この方式によるニュータウンが首都圏にありますが、宅地造成原価と住宅分譲の利益が明確になるなどのメリットもありました。

1997年には「特殊法人等の整理合理化について」（平成9年6月閣議決定）に基づき住宅・都市整備公団も廃止され、1999(平成11)年10月に都市基盤整備公団に移行し、分譲住宅供給からは撤退して、既成市街地の再編整備等に業務の重点化を図ることとなりました。

さらに、都市基盤整備公団は、「特殊法人等整理合理化計画」（平成13年12月閣議決定）に基づき、2004(平成16)年７月に廃止され、新たに独立行政法人都市再生機構が設立されました。

分譲住宅等は民間事業者が担えば良いのであり、膨大な債務を抱える公団は早々に売れる土地を処分して撤退すべき等の議論でしたが、インフラを含む大規模開発や時間を要する密集市街地整備等は民間事業者では限界があり、公的デベロッパーの役割は十分あるはずでした。

2011年の東日本大震災における復興においては、公団の人材が自治体に派遣されるなどにより、インフラ整備や宅地開発事業等の復興事業の事業化に大きな役割を果たしていますが、民間事業者では部分的な収益性のある事業にしか関与できないところです。震災後７年を経て、これからさらに復興事業が本格化しますが、このような対応を図るためにも、公的デベロッパーである都市再生機構の前向きな再編が求められます。

2　住宅建設計画法から住生活基本法

①住宅建設計画法

終戦後の５年間における応急的な住宅建設対策期を経て、住宅政策の主要な柱として、公庫・公営・公団の３制度が確立して、公的資金を中心とする本格的な取り組みが開始されました。

これらにより大幅に住宅事情は改善されましたが、戦後の経済復興は目覚ましいものがあり、大都市圏への集中や世帯の増加等により、戦後20年を経た1965(昭和40)年時点においても住宅難は解消せずに大きな政策課題となっていました。

このため国では長期的な視点での住宅供給を計画的に全国ベースで行うために、1966(昭和41)年に住宅建設計画法を制定しました。

図表３－２　住宅建設計画法の概要

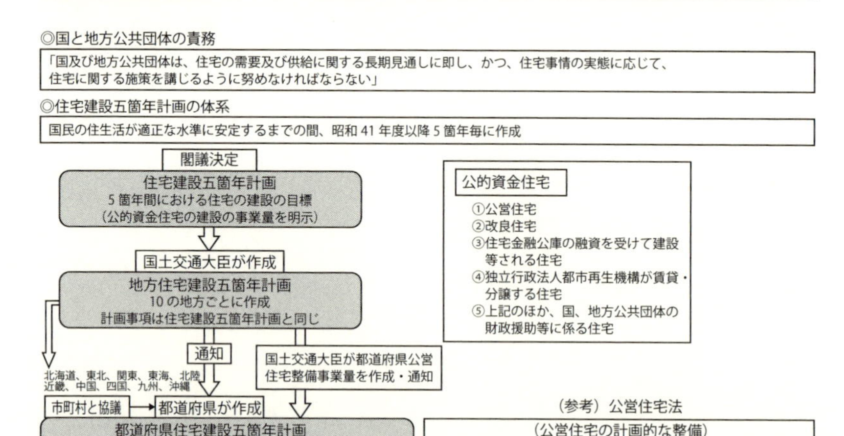

出典：国土交通省

る五箇年計画による事業実施計画方式をとることになり、1966（昭和41）年～1970（昭和45）年の第１期から第８期（2001（平成13）年～2005（平成17）年）まで続きました。

全体の流れは図表３－３が示すとおりですが、住宅建設の目標と官民での供給目標量が示されており、その実績が検証されてきました。

第１期での目標は、まだ量的に足りなかった状況であったため、全国ベースでの「一世帯一住宅」でした。1963（昭和38）年の住宅統計調査では、一世帯当たり住宅数は0.97でしたので、まずは1.0以上にすることが目標となりました。期中には戸数面では目標を達成しましたが居住水準面では未達成であり、住宅難世帯がまだ360万世帯も存在していました。

第２期での目標は「一人一室の規模を有する住宅の建設」と

されました。期中の1973(昭和48)年には一世帯当たりの住宅数は1.05となり、すべての都道府県において住宅数が世帯数を上回ることになりました。

第３期では、課題は「量から質へ」と転換し、住宅の質の向上に視点が置かれることになり、「最低居住水準」および「平均居住水準」を定めました。目標としては「昭和60年を目途にすべての国民がその家族構成、居住地域等に応じて良好な水準の住宅を確保（特に質の向上に重点)」とされました。

第４期では第３期に定めた目標の後期にあたるため、さらなる「生活の質の向上」に重点を置き、また、個々の居住水準に加えて、新たに、「住環境水準」を定めました。「住環境水準」は基礎水準として、安全性、日照・通風・採光等、誘導水準として基礎水準に加えて、周辺環境との調和や生活関連施設との近接性等で構成されています。

目標としては「すべての国民が、国民経済の成長発展の段階に即応して、その家族、世帯成長の各段階、居住する地域の特性に応じ、良好な住環境の下に安定した生活を営むに足りる住宅を確保（特に質の向上)」とされ、その結果、ほぼ半数の世帯が平均居住水準を確保しました。

第５期では、高齢社会の本格的な到来を見据えた取り組みが明示されました。期中にはプラザ合意を契機にバブル景気となりましたが、将来の高齢社会では世帯数の減少そして経済の停滞が想定されたため、この時期に将来のために良好なストックを形成しておこうという趣旨でした。目標としては「我が国の今後の経済及び社会の変化に即応しつつ、国民がそのライフサイクルの各段階、居住する地域の特性等に応じ、安定したゆとりある住生活を営むことができるよう、良質な住宅ストック及び良好な住環境の形成を図る」とされました。文中には「ストック」や「ライフスタイル」等が登場しましたが、前期からの発展的な継続であるとみて良いと思われます。この結果、「最低居住水準」未満の世帯が全国ベースで9.5%となり、1割を下回りました。

世帯当たりの住宅戸数は1.10となり、その後もこの傾向は続き、量的にはこの時期に充足したと考えられます。

第6期では、バブル景気の影響により大都市地域等における地価高騰や住宅価格・家賃の上昇等を背景に、従前までの五カ年計画をさらに強化した取り組みとなりました。目標としては、「国民のニーズに対応した良好な住宅ストックの整備、いきいきとした少子高齢社会を支える居住環境の整備、都市居住の推進と地域活性化に資する住宅・住環境の整備、消費者がアクセスしやすい住宅市場の環境整備の推進」とされました。

第7期では、全国ベースでの居住水準は向上してきましたが、大都市地域ではまだ不十分であることを背景に取り組まれました。

目標としては、「国民のニーズに対応した都市居住の推進と住環境整備、安全で快適な都市居住の推進と従環境の整備、いきいきとした長寿社会を実現するための環境整備・地域活性化に資する住宅・住環境の整備」とされました。具体の施策としては、定期借地権方式の推進、住宅流通基盤としての住宅の性能評価・表示システムの確立や新設住宅の質の誘導強化や既存住宅ストックの安全性診断体制の確立等が行われました。

第８期では、都市整備公団が分譲住宅から撤退したように公的供給から民間による供給を重視し、市街地でのストックの建替えや密集市街地整備等が課題とされました。目標としては、「国民のニーズに対応した良質な住宅ストックの整備、いきいきとした少子・高齢社会を支える居住環境の整備、都市居住の推進と地域活性化に資する住宅・住環境の整備、消費者がアクセスしやすい住宅市場の環境整備の促進」とされました。従来から設定されてきた「最適居住水準」「誘導居住水準」につい

図表３－３　戦後の住宅建設計画法　住宅建設五箇年計画の経過

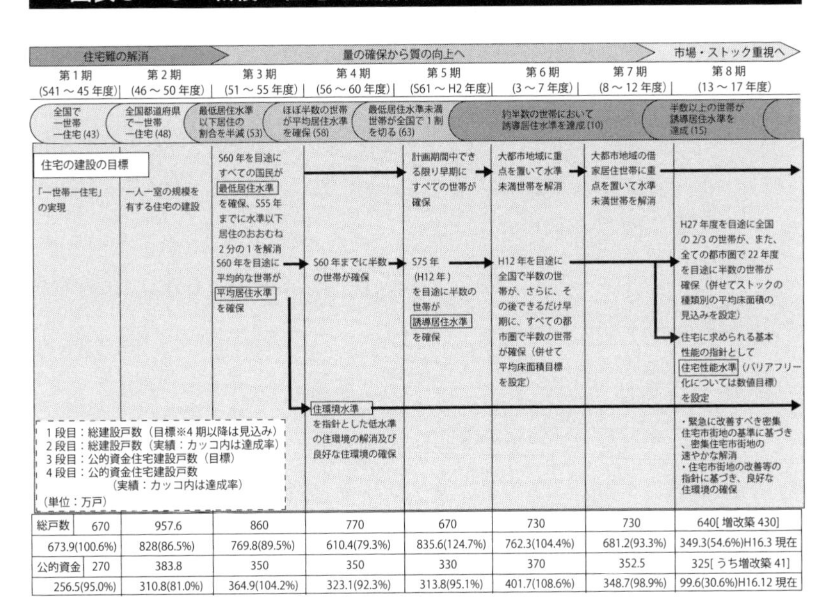

	第１期	第２期	第３期	第４期	第５期	第６期	第７期	第８期
総戸数	670	957.6	860	770	670	730	730	640[増改築 430]
	673.9(100.6%)	828(86.5%)	769.8(89.5%)	610.4(79.3%)	835.6(124.7%)	762.3(104.4%)	681.2(93.3%)	349.3(54.6%)H16.3 現在
公的資金	270	383.8	350	350	330	370	352.5	325[うち増改築 41]
	256.5(95.0%)	310.8(81.0%)	364.9(104.2%)	323.1(92.3%)	313.8(95.1%)	401.7(108.6%)	348.7(98.9%)	99.6(30.6%)H16.12 現在

出典：国土交通省

ては、半数以上の世帯が「誘導居住水準」を達成したことから、これらのほか、「住宅性能水準」や「住環境水準」についての数値目標等が設定されました。

②住生活基本法

以上のように３本柱と住宅建設五箇年計画のもと、戦後の深刻な住宅難問題は第２期に全国の都道府県で世帯数を住宅数が上回る「一世帯一住宅」が実現し、住宅の量的な絶対的不足は解消されたといえます。

その後は、「量の確保」に加えて、「質の充実」の方向が出され、2003(平成15)年において全国で半数以上の世帯が誘導居住水準を達成しています。

第１期から第８期までの40年間を通じて、公的資金による住宅建設戸数は目標をほぼ達成し、量的な水準とともに質的な面でも一定の水準の向上が図られてきたことなど、大きな役割を果たしてきたと評価できます。

しかし、それだからこそ、「住宅建設」計画という名の計画での限界にきていたことも確かであり、各分野で新たな住宅政策の軸となる法律を打ち立てるための議論が起きていました。

そして、本格的な少子高齢社会、人口・世帯減少社会の到来を目前に控え、国民の居住ニーズの多様化等を踏まえて、住宅政策を「住宅建設」ではなく「住生活」の視点から取り組むべく、現在および将来 の国民の「豊かな住生活」を実現するために住宅生活基本法が2006(平成18)年に制定されました。

そして、本法に基づいて「住生活基本計画」が策定されました。全国計画は2006（平成18）年に策定され、その後、2011（平成22）年、2016（平成28）年に改訂されています。2011年改訂では「住宅の質の確保や既存住宅流通市場の拡大が不十分であったこと、老朽マンション問題等、社会経済情勢の変化を踏まえて」行われましたが、これらも踏まえて、2016年改訂でのポイントは、「少子高齢化・人口減少等の課題を正面から受け止めた新たな住宅政策の方向性を提示」したことです。全国計画策定後には都道県等の地方での計画が策定されました。

図表３－４　住生活基本法の概要

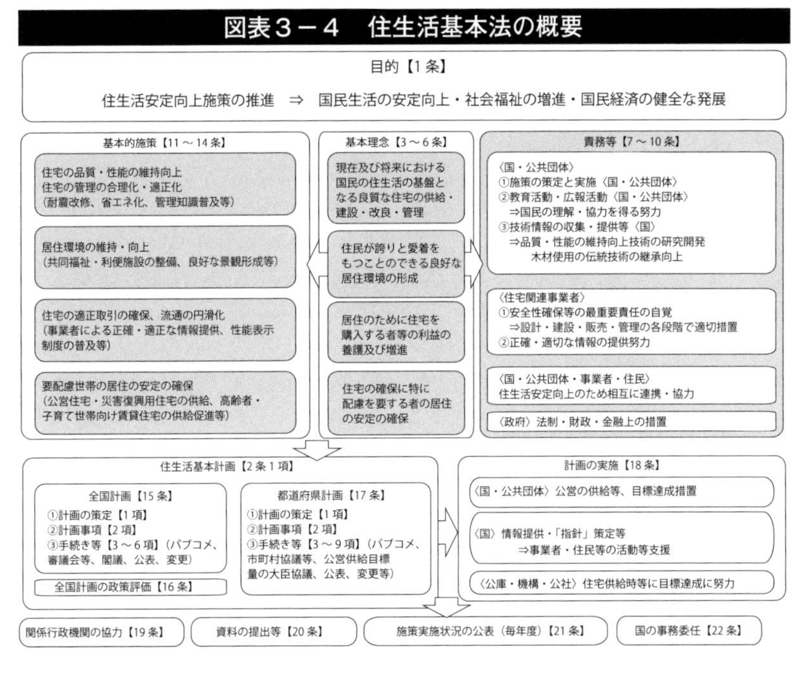

出典：国土交通省

<2018年計画のポイント>
・ポイント１：若年・子育て世帯や高齢者が安心して暮らすことができる住生活の実現を目指す。
・ポイント２：既存住宅の流通と空き家の利活用を促進し、住宅ストック活用型市場への転換を加速。
・ポイント３：住生活を支え、強い経済を実現する担い手としての住生活産業を活性化。

③関連政策

住生活基本法制定の前後には関連する重要な法制度が策定されています。

たとえば、2000年には住宅の品質確保・消費者利益の保護のための「住宅の品質確保の促進等に関する法律（住宅品確法）」、2007年には「住宅瑕疵担保履行法」が制定されました。環境問題やエネルギー問題が大きな課題となり、2008年には1979年制定の「エネルギーの使用の合理化に関する法律（省エネ法）」が改正（地球温暖化対策の推進強化の背景のもと、エネルギー消費量が大幅に増加している業務部門と家庭部門におけるエネルギー使用の合理化をより一層推進する）されました。その後も、省エネ法は大きく改訂されて2015年に「建築物のエネルギー消費性能の向上に関する法律（建築物省エネ法）」が制定され、2016年には性能向上計画認定等の誘導的措置、2017年には適合義務や届出等の規制的措置が施行（省エネ法の届出等については、2017(平成29)年3月31日をもって廃止）されました。これらにより中・大規模（300㎡以上）な住宅は届け出義務が課せられ、小規模（300㎡未満)住宅については、住宅事業建築主に対して、その供給する建売戸建住宅に関する省エネ性能の基準（住宅トップランナー基準）を定め、省エネ性能の向上を誘導することになりました。

そして、住宅の長寿命化を図る「長期優良住宅の普及の促進に関する法律（長期優良住宅法）」が制定され、これに基づいて一定の優良な住宅や住宅地が提案・整備されました。この長期優良住宅法は「つくっては壊す」スクラップ＆ビルド型の社会から、「いいものを作って、きちんと手入れをして長く大切に使う」ストック活用型の社会への転換を目的として、長期にわたり住み続けられるための措置が講じられた優良な住宅（＝長期優良住宅）を普及させることが目的とされていました。この長期優良住宅の基準に適合する場合には認定を受けることができます。2009年度から2018年度までの８年間の認定戸数は、新築一戸建てが789,863戸、共同住宅が18,720戸です。

この長期優良住宅については、200万円の補助金がもらえますが、技術的なハードルの高い「長期優良住宅先導的モデル事業」および、認定を受けただけで誰でも100万円の補助金がもらえる「長期優良住宅普及促進事業」がありますので、工務店も積極的に取り組んでいます。

さらに、利用者に対して、所得税関連（住宅ローン減税、投資型減税）、固定資産税、不動産取得税等の減税措置、「フラット35ｓ」金利優遇措置等があり、普及を推進しています。利用者も住宅の資産化や各種負担の軽減等等への関心も高まっていますのでこれらの普及への効果はあると思います。

ただし、この認定基準は「長期に使用するための構造及び設備を有していること」「居住環境等への配慮を行っていること」「一定面積以上の住戸面積を有していること」「維持保全の期間、方法を定めていること」等の面から設定されていますが、大きくは、「1．長期使用構造等とするための措置の基準」と「2. その他の基準」に大別され、前者は構造・設備・エネルギー面等のハード面のものであり、後者では「居住環境への配慮」がありますが、「地区計画、景観計画、条例によるまちなみ等の計画、建築協定、景観協定等の区域内にある場合には、これらの内容に適合すること」として消極的な規定でしかありません。

2 資産と考えていない購入者の意識

従来は住宅購入者の購入動機は、資産として投資・保有することではなく、ローンの返済後は住宅コストなく生涯にわたって暮らせるという安心感でした。また住宅ローン負担も、将来の給与の上昇により、長期的には大きな負担とはならないと考えていました。

長期優良住宅ローン研究推進協議会のアンケート調査によると、このことがよくわかります。

「住宅購入の目的」と「住宅を資産化する考え方」についての回答をまとめると「住宅購入の目的」は「終の住まいにするため」が約66％、「家族構成が変化したため」が約24％です。そして、「住宅を資産化する考え方」については、購入目的が「終の住まいにするため」の場合で「当然の考え方と思う」が32.0％、「良い考え方だが無理だと思う」が38.5％、「住宅は長期的資産と考えていない」が22.1％です。そして、全体としては「当然の考え方と思う」が30.0％、「良い考え方だが無理だと思う」が41.6％、「住宅は長期的資産と考えていない」が21.7％です。

大半である71.6％の方は住宅を資産化することが当然である・良い考え方と思っていますが、その一方で、無理であると考えている方も多いということです。

資産化が無理とわかっていても「終の住まい」として住宅を購入していますが、資産として考えていない方もわずかですがいます。

また、住宅ローンは一般的には長期にわたって大きな負担となっていますが、「担保は取っているが担保を処分しても債務は解消しないクレジットローンであること」については58.9%が知らず、よく知っているのは14.2%に過ぎません。また、「住宅を担保に取っているので本来はクレジットローンであることはおかしい」とするのは59.4%であり「事実上担保にならない

図表３－５　住宅購入目的と住宅の資産化について

		住宅を資産化する考え方について					
		合計	当然の考え方だと思う	良い考えだが無理だと思う	住宅は長期的な資産として考えていない	考え方に賛成できない	無回答
住宅購入の目的は何ですか	終の住まいとするため	678	217	261	150	50	
		100.0%	32.0	38.5	22.1	7.4	
	家族構成が変化したため	248	70	111	56	11	
		100.0%	28.2	44.8	22.6	4.4	
	買い時だったから	184	49	84	45	6	
		100.0%	26.6	45.7	24.5	3.3	
	資産の形成のため	75	27	31	12	5	
		100.0%	36.0	41.3	16.0	6.7	
	適当な賃貸住宅がなかったため	46	11	21	9	5	
		100.0%	23.9	45.7	19.6	10.9	
	その他	56	17	26	9	4	
		100.0%	30.4	46.4	16.1	7.1	
	合計	1,025	308	426	222	69	
		100.0%	30.0	41.6	21.7	6.7	

出典：長期有料住宅ローン推進研究協議会

のは止むを得ない」とするのが41.6%です。

さらに、ほとんどの利用者が保証会社の役割について理解しておらず、保証料の支払いが債務者の保証と理解しています。実際には、**保証会社は金融機関を保証していますが、借入者はその後、保証会社から残債を訴求されることになります**。

図表3－6　クレジットローンの認知度とクレジットローンへの意識

		わが国の住宅ローンがクレジット・ローンであることをどのように思いますか			
		合計	住宅を担保しているのだから、本来はクレジット・ローンである	住宅は売れないので、事実上、担保にならないからやむを得ない	無回答
わが国の住宅ローンは、担保はとっていますが借り手の信用力に依存しており、担保を処分しても債務が解消しないクレジット・ローンですが、そのことをご存知ですか。	よく知っている	142	91	51	
		100.0%	64.1	35.9	
	なんとなく聞いたことがある	297	186	111	
		100.0%	62.6	37.4	
	知らない	586	332	254	
		100.0%	56.7	43.3	
	合計	1,025	609	416	
		100.0%	59.4	40.6	

出典：長期有料住宅ローン推進研究協議会

図表３－７　返済ができなくなった場合の保証会社の役割について

返済が出来なくなった場合の保証会社の役割	担保物件の売却額より残債が多くても、保証料を払っているので保証会社が自分の代わりに銀行に返済し債務は解消されると思っていた	189	27.8%
	担保物件売却額より残債が多くても、担保を処分すれば債務は解消されると思っていた	164	24.1%
	保証については十分理解していなかった	317	46.6%
	その他	10	1.5%
	合計	680	100.0%

出典：長期有料住宅ローン推進研究協議会

以上のように住宅購入者は、人生最大の買い物であるにもかかわらず、住宅ローンの仕組みや返済できなくなった際における負担などについては十分な理解がありません。

しかし、可能であれば住宅を資産として考えたいとしていますが、現実的には無理であるとのあきらめ感が強いのが実態です。

3 高額な宅地価格と不合理な住宅価格

日本の住宅価格は、年収の5～10倍と高額（平成28年度の住宅金融支援機構の調査では、全国ベースでの年収倍率は土地付注文住宅が7.1倍、建売住宅が6.5倍）であり、ローンの利子にもよります（近年は超低利子が続いているため、返済力が高まり価格が高止まりしている向きもみられます）が、返済が大きな負担になっています。それも将来に資産になれば投資として許容できますが、実際は長期にわたり、他の支出に優先して支払ってきても資産にはなっていません。

住宅価格が高額となる要因としては、住宅の建設費自体の不合理な価格とともに土地価格が高額であることにあります。

これまでは、わが国では一般的には一戸建て住宅の場合は住宅価格の約8割が土地の価格です。一方、米国においてはその逆であり、住宅自体の価格が約７～８割を占めています（ただし、米国では土地と建物は一体的に評価されるため、住宅価格から建設費相当分を算定して、それを引いたものが土地価格であると推計したものです）。

土地については戦前・戦後を通じて常に大きな政策課題であり、今後はさらに大きな問題となると考えられますが、戦後の農地改革も大いに影響していると言っても過言ではないでしょう。

図表3－8　日本と米国での建物価格の割合の比較

①日本　約20%
（二人以上世帯）　（千円）

	全国	65歳以上
A（B+C）（不動産評価）	22,091	27,000
B（上物評価）	4,840	3,919
C（土地評価）	17,251	23,981
B/A（上物 / 総価格）	21.9%	14.0

資料：平成16年　全国消費実態調査

〈算定方法〉

A（B+C）（不動産評価）	
B（上物評価）	延面積×構造別建築単価×償却率
C（土地評価）	宅地面積×公示価格等

②米国　約70～75%

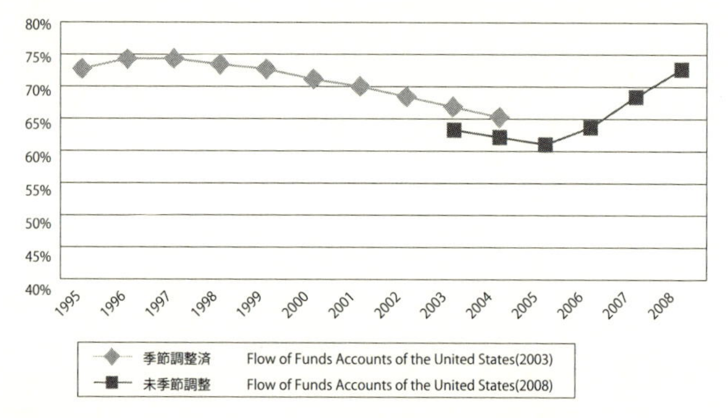

〈算定方法〉

A（不動産評価）	マーケット価格
B（上物評価）	推定再建築価格
C（A-B）（土地評価）	

農地改革は戦後の1945年12月のGHQの勧告により一気に進展しました。実はその前から改革は検討されており、大正時代以降の農水省の懸案であった「自作農創設」を目指していたものをもとに1945年に第一次案が政府（当時の農水省）によりま

とめられたものです。

農業政策としては大規模化が図れず、小規模営農が固定化してしまいましたが、土地所有者が増加し、それらは与党指示となり政権・社会の安定化には寄与しました。

一方で農地は多くの小作人に低廉譲渡されて小規模化しましたので、海外のように大地主による土地活用経営ができない状況になってしまいました。さらに農地・農家の保護のために農地転用の規制が厳しくなり、結果的に、住宅需要等の宅地需要の増加に応じた農地の宅地への転用が円滑に進みませんでした。

あわせて、農地の譲渡や転用に制限（農地法3条、5条）がかけられ、その後、30年代に入ると、住宅・工場用地等の需要の急増で価格が上昇しました。

このような宅地の大きな需給ギャップの時代が続いたため、宅地は住宅との一体的な扱いではなく、土地単独での取引が行われ、価格が高止まり状況になってしまいました。

4 担保価値に基づかない住宅ローン

1 戦後の住宅ローンの経緯

戦後は戦災で破壊されつくされた都市部での住宅難に対して、420万戸という大量の一定水準の住宅を早期に供給することが急務でありましたが、民間の住宅金融は十分な対応ができませんでした。住宅建設は重要課題でしたが、経済面での復興も急がれており、傾斜生産方式からスタートした戦後の経済政策のなかでは、産業資金が最優先されました。

国政での議論を経て、また、住宅会社による積立式月賦住宅方式等を経て1950（昭和25）年に住宅金融公庫が設立され、新たな住宅金融時代がスタートしました。しかし、資金難は続いており、公庫による割合はなかなか伸びないなかで、併せて、労働金庫や農協等が昭和30年代から住宅融資を開始し、企業の社内融資も普及してきました。

特に1950（昭和25）年に設立された住宅金融公庫は、公営住宅と住宅公団とともに主要な役割を果たしてきました。

住宅金融公庫法の１条には「国民大衆が健康で文化的な生活を営むに足る住宅の建設に必要な資金で、銀行その他一般の金融機関が融通することを困難とするものを融通すること」と目的が記載されており、設立当時の融資条件は「建設費の75％、利率は5.5%/年、返済期間は15年間」でした。さらに昭和30年代半ばからは民間の都市銀行も改めて本格的に参入してきました。

当時はまだ、住宅ローンのリスク管理等が十分ではないため、不動産会社や企業からの保証を得る提携ローンや積立型等の非提携ローンがありました。多くの住宅ローン商品がありましたが、実際の融資実績は思うようなものではありませんでした。

一般勤労者の住宅取得に大いに貢献したのは企業内融資でしたが、その原資は企業が設備投資として金融機関からの借入れであり、企業としては社宅建設よりは社内融資による従業員への住宅取得支援が労務面でも有効だと判断されたと想定されます。

その後昭和40年代に入ると、融資は銀行等の金融機関が行い、その保証を専門の保証会社が担う構造が確立してきました。各金融機関や業態ごとに保証会社が設立されて、さらに団体信用生命保険制度が導入されることにより、債務者の返済滞留や死亡等のリスクを回避することができました。

そもそも長期の住宅ローン融資は、原資の調達、金利リスク、信用リスク、解約リスク等を包含しており、難しい仕組みですが、昭和40年後半では金利に応じて返済期間が15年以上、20年以上の長期融資も増えてきました。

順調に民間による住宅ローンは増加してきましたが、基本的な構造として短期の預金資金を調達して長期に貸し出すものであるため、各種のリスクを回避することが難しい仕組みです。このため、住宅ローンの流動化がすでに昭和40年後半から議論されてきましたが、具体化するのは、バブル崩壊後、企業からの資金需要が低迷するなかで、リテール分野を強化しようとした民間金融機関からの「民業圧迫」批判が高まったことにより、拍車がかかりました。利用者の多様なニーズに対応するためには、固定金利タイプと変動金利タイプの両方が必要ですが、民間では長期の固定金利タイプは困難です。したがって、民間では資金供給が困難な分野である長期固定金利タイプの住宅ローンを、民間の力を借りながら公的機関が供給し、加えて、良質住宅の供給という国の住宅政策をサポートするという政府系金融機関の役割を維持する仕組みが検討され「特殊法人等整理合理化計画（2001年12月）」において「融資業務については、2002（平成14）年度から段階的に縮小するとともに、利子補給を前提としないことを原則とする」とされました。その結果、2003年からは住宅金融公庫は証券化支援業務を開始し、2007年に直接融資をメインとした住宅金融公庫は廃止され、国からの補給金を受けない民間協調型の証券化支援事業を事業の中核とする住宅金融支援機構が設立されました。

その後現在に至るまで、民間金融機関等と住宅金融支援機構等により低利率の長期住宅ローンが利用できるようになってきました。

住宅金融支援機構に改組されての大きな特徴はMBS発行による資金調達ですが、これはデフォルトリスクを投資家が担うことになり、従来の保証金は必要なくなりました（一方で団体信用保険料は割高になりました）。また、セカンドハウスにも適用されています。

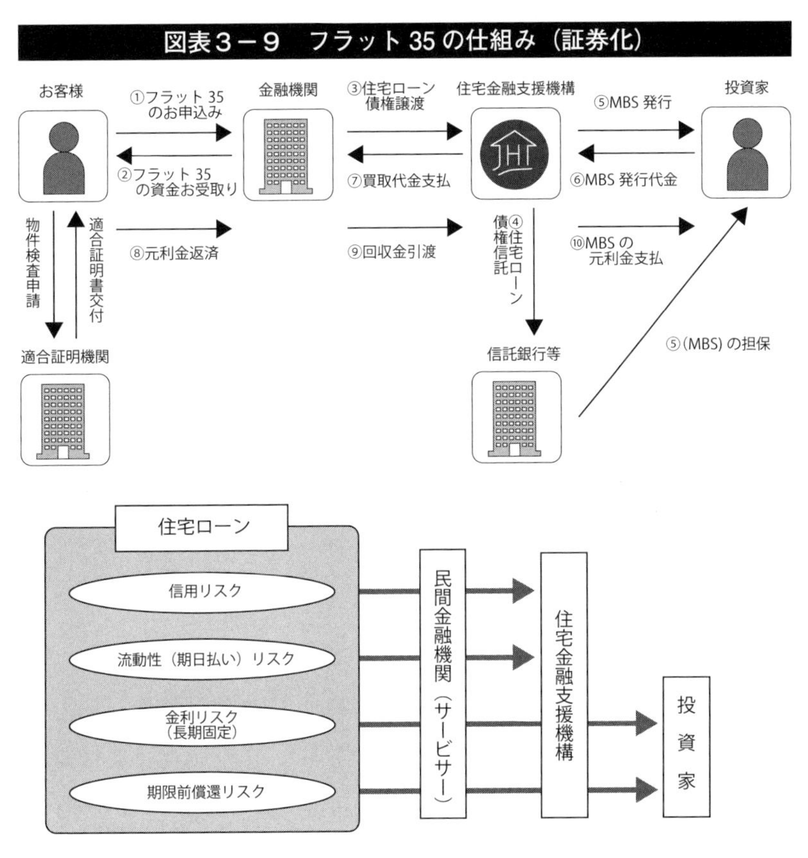

出典：住宅金融支援機構

2　日本の住宅ローンの問題

以上が、わが国の戦後以降の住宅ローンの概略です。

戦後の資金難の時代を乗り越えて、高度成長時代の好景気・高需要時期そしてオイルショックやバブル崩壊等の社会経済的変化に対応してきたことは、中堅所得者による住宅取得に大いに貢献したことは確かですし、このこと自体は高く評価できると思われます。また、公的金融機関である住宅金融公庫は、自ら資金を調達する証券化支援業務等に特化する住宅金融支援機構へと転換し、民間金融機関はこの証券化支援業務の開始に伴い、モゲージバンクの参画が行われる等の発展をみることができます。

しかしながら、**日本の住宅ローンはいわば、モゲージ・ローンではなくクレジット・ローンです**。このことの意味することは、ローン設定の際に**住宅・土地を担保とはしているが、事実上はその担保価値を評価していない**ということです。

原則的には債務者の返済能力、すなわち、信用力に依存するものですが、返済ができなかった場合には、担保物件を処分して、残債を回収することになります。

本来の住宅ローンはモゲージ・ローンであり、証券化においても原資産としての担保価値に基づくものでありますが、日本の住宅ローンは長い間、保証会社による保証によりリスクがない状況で実施されてきましたので、担保価値を軽視していました。

米国でもFICO（Fair Isaac Corporation）スコアに基づく信用力を重視していますが、担保価値があってのうえです。やはり、担保物件での清算は最後の手段なのです。また、米国には保険はありますが、債務残額が価格の80%で停止しますが、これは経費を差し引いても最低80%の価値（再販可能）があるからです。

新たな住宅ローンの考え方として「残価設定型ローン」（中古住宅市場活性化ラウンドテーブル）が提案されており、一部のマンション等の買い替えなどに活用可能ですが、そもそも論から言えば、かなり安全側の残価設定をしなくても、当然のごとく残価価値があるべきものなのです。

5 大規模開発対象の規制と無秩序な小規模開発

高度成長時代には激しい郊外へのスプロールが進みました。スプロールした市街地の多くは乱開発でしたが、これを抑制する規制が実質的には効果がありませんでした。大規模開発に対しては、周辺への影響が大きいためという理由で開発許可が必要であり、開発指導要綱等で環境面やインフラ整備等の面で厳しい規制がありましたが、1000㎡以下の開発には適用されませんでしたので、多くは一反の農地を切り売りして小規模な建売住宅化してしまいました。この一反（約1000㎡）の開発は、総量としては大変大きかったために結果としてスプロールの大きな原因となりました。

また、何よりも開発規模に限らず、開発密度（すなわち宅地規模）規制がなかったため、**小規模宅地の高密度開発**となってしまいました。当初は住宅公団などの計画的な大規模開発地区では70坪／画地等の規模の制限はありましたが、総額が大きくなったこともあり、次第に規模が小さくなってしまいました。もちろん、急増していた需要に対して十分な供給を図ることは政策的な使命でしたが、**住宅の資産化の面は全く考慮しないで無計画に大量に供給してしまったことが問題でした。**

住宅公団や各地の住宅供給公社は、当初から欧米の集合住宅の実態は把握していましたし、さまざまな規模や形態の計画が立てられ、一部は実現しましたが、大勢にはなりませんでした。ただ、南面を重視したかまぼこタイプのエレベーターなしの5階建てを最優先させたことは、結果的には住棟間が広い、比較的ゆとりある住棟計画は数十年後の現時点でのリノベーションや地区の再生において大きな財産になりました。

住戸や宅地の規模が小さいのは、上述したように地価が高いため、支払い能力を考慮した結果であるとの言い訳もありますが、住宅地としての規模規制を国の政策として明確にしておけば良かったと思います。そうすれば、その規模以上で供給せざるを得ないため、それを前提に値付けされるはずです。

住宅金融支援機構（旧住宅金融公庫）等の政策的な補助や優遇利率の対象住宅の面積を決めれば、それ以上のものが供給されることになります。鶏か卵か的ではありますが、あるべき空間の設定、すなわち、**都市や開発地区のデザインを明確にすべきでした**。都市の機能や性能ついてはかなり政策的に対応しましたが、都市の街並みのすぐれた審美性やそこの住まう住民の生活スタイルや地域の歴史性等を反映した全体のデザインについては、十分な対応がされないままに開発されてしまいました。これからも新規開発や再開発の機会はありますので、同じ過ちを繰り返さないようにすべきであり、これからも重要な観点です。

ゾーニングや形態規制は目標の実現手段ですが、資産価値のある空間のデザインが共有されていないがために、形式的な規制となってしまいました。しかも、土地の所有権やすでに建っている建物等の既得権を保持せざるを得なかったため、厳しい規制とならずに事実上の骨抜きとならざるを得ませんでした。たとえば、美しい街並みは資産化の基本ですが、それを保全・形成するのに不可欠な地区計画等も単なる形態規制になっています。お手本としたドイツ等のように、すでに保全すべき価値ある街並み（ファサード）が存在し、その価値が共有されていなかったため、目標とする維持保全すべき空間が抽象的になっていたためだと思います。

6 住宅地の居住環境マネジメントの欠如

住宅所有者による住宅地経営組織であるHOA（Home Owners Association）による**住宅地経営組織等による住環境の維持管理がされなかったことが、住宅・住宅地の価値の維持・資産化を図れなかった大きな要因となっています。**

日本の官僚や開発事業者等は、英国の田園都市（ガーデンシティー）や米国のラドバーン等の住宅地開発事業やその理論を早期に勉強し、導入していましたが、肝心な住宅地経営の考え方は十分理解していなかったため、表面的な導入となってしまいました。

かつては住宅双六の中で上りは郊外一戸建てでしたが、それは家に付属する庭への郷愁が強く、また、旧くは関東大震災による郊外への転居や東京への集中による宅地需要に対する放射鉄道網の整備に伴う郊外住宅地の開発の必要性、さらには企業による通勤手当等が金銭的な負担軽減となったことなどが背景として考えられます。

郊外住宅地への憧れ、あるいは郊外住宅地こそが住まいの場であるとの感覚は、米国でも顕著でした。郊外の一戸建てを持てばライフステージに応じた住み替えを可能とし、資産として形成できるという、これこそが、いわゆる「アメリカンドリーム」でした。わが国も類似しているように見えます。

米国では大都市の中心部は荒廃した人の住む場所ではないが故に、住宅に生涯の資産を蓄積させるために何とか郊外で一戸建て住宅を取得し、細心の注意を払って住宅地全体を管理することにより、その価値を維持・向上させてきました。

住宅の価値は住宅単体だけでは形成されないことは当然ですが、**日本では残念ながら住宅自体の性能・機能のレベルも決して高くないのが実情です**。今後は断熱性や耐震性等は次第に水準が向上していくことだと思われますが、**住宅価値の本質的な形成は、住環境そしてコミュニティの価値に依存しています**ので、それらの必要条件を充足しただけでは不十分です。国の住宅建設五箇年計画においても、目標が戸数の増大や住戸規模の拡大等から住環境の向上等に推移しましたが、これは買い物などの利便性等であり、資産価値を形成するための住環境の内容ではなく、その経営や維持管理については目標にはなっていませんでした。その後の住生活基本計画においても同様でした。

どんなに立派な優れた建物でも、その周辺の環境が悪ければ資産としての価値は低いものになってしまうのは歴然としていますが、このほとんど自明のことがなぜか日本では政策的にも住宅供給関連事業面からも重要視されてきませんでした。

米国では1900年代半ばから、住環境維持のための住宅所有者全員が加入する組織であるHOAの設営が半ば義務化されてきました。

これは米国でのPUD（計画的単位開発）、わが国でいえば郊外の一団の計画住宅地でありますが、そこでは単に公園等だけではなく、プールやテニスコート、中にはゴルフコース等も含まれており、それらの共有空間を所有者の負担で恒久的に維持管理すること（すなわち経営すること）が住宅地全体の価値を形成し・維持するとの主旨です。

日本では、類似する組織体としては集合住宅における区分所有法による管理組合が該当します。マンションでは、法的に管理組合を組成して管理することになっていますし、近年では管理組合費・修繕費等がきちんと払われていることがマンション取引の大きな判断材料となっていますが、戸建て住宅地においてはそうではありませんでした。

住宅地を適正にマネジメントするためには、戸建て住宅地の外部の共有空間の維持管理だけではなく、居住者同士のコミュニティ形成も重要な要素となります。単に近所付き合いの良い（これはこれで大事なことです）ことではなく、**所有者・居住者同士が資産価値を増進させるとの意図を共有して初めて、全体の住宅地が適切に運営されるものだと思います**。

HOAの構成員は、相互に必要な管理費を負担しつつ、資産価値が毀損しないように相互に監視しています。米国の多くの住宅地では、塀がなく、建物の１階部分がガラス面越しに内部の居間まで見えてしまうのは、宅地が広いことによる、開放的な雰囲気を醸し出している面もありますが、何気なく内部を相互に見ています。一方で、２階部分は完全にプライバシーが確保されています。普段は外部にはほとんど住民の姿が見られなくても、外で何か事が起これば周辺の住宅からすぐに住民が出てきます。

ある意味、かなり緊張感を持ったコミュニティのあり方ですが、実利的ですね。これは米国の映画やドラマの中での住宅地の様子を見れば、そこからも垣間見えます。

日本ではそのような意識は薄いかもしれませんが、下町や地方都市では結果的にはお互いによく知りあえて、相互に分かり合えていることが結果的に相互監視となっています。ただ、米国では必要以上にお互いに近づかない仲ですので、米国はドライで日本はウエットと言い換えることができそうです。

また、このコミュニティや住環境を維持するために厳しい管理規約（CC&Rs：Covenants, Conditions & Restrictions　）が策定されています。

このCC&RsとHOAは、日本のマンション管理組合の「管理規約」や「建築協定」「地区計画」等とは、その具体性からみて全く異質のものです。たとえば、「屋根材の形状が指定され、色は基準色の何番から何番までの範囲に限る」等の建材の色や形の指定から、建築のデザイン・スタイルも「何世紀に英国で流行った特定の様式」等と**非常に具体的・限定的**です。その他、生活の仕方に関する細かい規定もありますし、外から見える場所に洗濯物を干すこと等は当然のこととして**厳しく制限されています**。

これに違反するとすぐに警告され、必要であれば強制的な修繕費用負担が要請されますし、さらには管理費を滞納しようものなら、場合によっては住宅を競売にかけられてしまうほどです。

このような厳しい規約が米国国民に受け入れられた背景のひとつは、ライフステージに応じて住み替える際に、**一定の価格**

で売却するための資産価値の維持向上のためであり、これらを遵守すれば結果的には住宅価値が増進し、高く売れるという実績が残されているからです。また、米国では文化の異なる多くの人種の国民が混住していますので、気を抜くとすぐに荒廃してしまうからです。ある意味、人種差別的な面が実態としてはあると思いますが、それが現実です。もちろん、規約には直接的に差別をする項目は見られませんが、一定の階層しか入れないような規約になっていることも多くみられるようです。とは言え、通常の税金の負担に加えての費用負担は、あまりに金銭的に重く、厳しすぎるといった批判も一部にはあるようです。

安全性を確保するために、物理的に閉鎖的な空間を形成するためのゲーティッドコミュニティが一時導入されましたが、結局、ハード面では効果がないため、このような厳しい規約のもとにマネジメントする方式が取られてきました。

では、日本ではなぜ、住宅地の環境維持に関心がなかったのでしょうか？　日本では多国籍ではなく、価値観も大きく差異がない人々の集まりであったため、特段の規約で縛らなくても安全・安心は確保されていましたし、一定の維持管理（家の前の清掃、ごみ処理等）が行政や住民によってなされてきましたので、道路一本を隔てると荒廃地区になるという状況が稀であったためだと推測されます。

また、土地の所有者の権利が強いため、全体の価値向上のために自らの土地の利用を制限することには非常に抵抗があったと思われます。自由に使えることが資産としての価値だと思っていたのでしょう。さらには、**ライフステージに応じて高く売**

却して買い替える志向が弱かったこともあるでしょう。しかし、このことが結局、住宅地全体の価値を低下させ、空き家が増加してしまったことにつながってしまいました。

行政も開発事業者も1900年代には多くの海外の実情を視察し、制度を勉強してきたにもかかわらず、HOA による住環境マネジメントを導入し損なったのは本当に大きな損失でした。住宅の大量供給が優先され、また、当時は住宅地の荒廃が顕在化していなかったこと等により、住宅地の経営的な視点からの資産価値の維持向上に向けての HOA 導入には躊躇したのだと思われます。

そして一般の国民も海外旅行に行くたびに素晴らしい住宅地や街並みを直接眼にしてきたにもかかわらず、それを自分たちのものにしようと考えなかったことはさらに残念なことです。

7 住宅業界の遅れ —ハウスメーカーの功罪

住宅の建設業は戦前までは地域に密着した産業であり、基本的には個々の建築主が地元の大工等に発注していました。地域の材を使い、地域特有の昔ながらの様式に沿って個別に建てられてきましたが、結果としてはそれぞれの地域では同じような住宅が建てられてきました。このことが街並みを造ってきましたし、技術等が受け継がれてきました。

しかし、震災、戦災などにより、多くの住宅が焼失したため、大量の住宅を短期間に建設する必要が生じ、また、生活様式なども変化してきたため、住宅の工業化等をうたったハウスメーカーが戦後すぐに登場し、地元の大工の役割は減少しました。

政策的には防災面が重視され、耐火性・耐震性に優位なRC造が推進されてきましたが、大手ハウスメーカーのシェアは20%前後と、それほど大きいものではありませんので、一般の地域の工務店や大工等による木造住宅が多いことはあまり変わりませんでした。

ハウスメーカーは自社で開発した企画住宅を販売する業態ですが、実際の建設は地元傘下の工務店が行います。「工務店」とは、主に戸建（こだて）住宅を請け負う建築専門の建設業者の中で、地場産業として根付いている業者を伝統的にそのように呼んでいます。すなわち、個人やメーカー等から戸建住宅を請け負い、鳶（とび）・大工・左官・板金・電気・水道などの“職人”の手配や管理、その他工事全体の監督をします。

ハウスメーカーは『家を売る』、工務店は『家をつくる』とでもいえるでしょう。

日本独特なハウスメーカーにおける特徴は、部材等を標準化し大量発注しますので、本来的には低コスト体質のはずです。しかし、**実際は、技術開発費、宣伝広告費や展示場費用そして多くの営業マンを抱えていることもあり、高コスト体質となっています**。また、企画住宅の販売が基本ですが、多様なオプションを付けたり、自由設計に近いような対応までしていますし、さらに住宅を引き渡した後のアフターケアも法的義務以上の対応をする（これはある意味大企業の信用力として顧客に評価されている面もあります）などにより、さらに高コストとなっています。

当初はハウスメーカーの住宅は効率的で低廉でしたが、現在では高価格となっています。確かに耐震性等の性能・機能面では優れており、大企業ならではの手厚い顧客対応がされるため、高価格でも一定の人気があります。逆に言えば、一般の大工や工務店への発注には不安が付きまとっているとも言えます。すなわち、工務店や大工の技術レベルに格差があるため、どこにどのように頼んでいいのかがわからない状況です。

ハウスメーカーの価格には高い利益はもちろん営業費等が相当含まれていますが、再販時にはそれらが反映されないため、竣工直後に売却しても、その分は安くなってしまいます。住宅が資産にならない理由の一つになっています。

図表 3-10　ハウスメーカーの設立年次

社名	設立年
大和ハウス工業	1947 年
住友林業	1948 年
ヤマダエスバイエル	1951 年
積水ハウス	1960 年
パナホーム	1963 年
ミサワホーム	1967 年
ヘーベルハウス	1972 年
三井ホーム	1974 年

また、ハウスメーカーの多くは従来の軸組み工法とは一線を画す鉄骨造やパネル工法等のような新たな工法を独自に開発してきました。これは大手ならではの力量であり、優れた工法や素材が開発されました。しかし、個々の企業が他との差別化のために独自の技術開発等を実施しているため、一般の工務店等では導入できない等のこともあり、住宅産業全体としての効率化や標準化には、むしろ、足を引っ張ってきた感があります。

米国では部材は標準化されており、工法も２×４、２×６工法に集約されていますし、建設方法も戦後のレビットタウンで開発されたCM（Construction Management）を駆使した効率的なものなどが開発され、これらは住宅建設業界全体として普及してきました。これらは特殊な技能がなくても建設できるように工夫されているため、どこに頼んでも一定の水準が確保されています。

また、購入者の見る目も厳しいため、余計なコストは受け入れませんし、業界も国民の支払い能力に応じた価格形成をしてきました。さらに、部材や工法の標準化とともに肝心なデザインについては「ホームプラン集」を活用してきたため、設計に関するコスト（時間、費用）は大幅に削減されています。

日本では数としては町場の工務店が圧倒的に多いのですが、これらの経営規模は小さく、経営体質も効率が悪く遅れています。かつては、個々の工務店が地元の大工を抱えて高度な技術で建設していましたが、戦後の特殊な時期での対応ができずにそのまま、低迷しています。

米国では業界団体である全米ホームビルダーズ協会（NAHB：National Association of Home Builders）が主導的に住宅建設（各種の基準等も提案）をリードして、ビルダーの効率化に寄与してきました。

この点が日本の住宅産業に欠如しているため、個々バラバラの旧態依然とした業界となっていることも住宅の資産化の大きな障害となっています。

近年では経営の効率化や適正なCMを取りいれる工務店も増えていますし、これらの工務店を組織化している例もみられますが、業界全体での取り組みは依然として進展していません。

8 逃がしてきた資産化へのチャンスと近年での新たな対応

1　逃がしてきたチャンス

①「200年住宅ビジョン」と住生活基本法

わが国においても遅まきながら「住宅」政策への意欲的な取り組みがなされた時期がありました。

前述した住宅建設基本法に代わる住生活基本法については、当時大きな期待をもって、長い議論の末に制定されたものの、施行以来際立った動きが見当たりませんでした。もちろん、基本法施行以前から都市再生機構や金融公庫の改革、住宅性能表示制度の導入等が取り組まれ、そして住生活基本計画（全国計画・県計画）が策定されましたが、本質的な課題への対応が見えませんでした。本質的課題とは住宅を資産として確立することに他なりません。

住生活基本法に関連する議論は、住宅基本法、住居法等と名を変えて、1世紀前に遡ることになります。東京と大阪から同時期に後藤新平や関一がその必要性を提唱していました。後藤新平が主催した官僚や学会、建築業界等の有力者で構成された「都市研究会」が1919年に「住居法の制定」「住宅の監督」「都市住宅局の新設」を提唱していました。同年に都市計画法と市街地建築物法が制定されましたが、当時の内務省都市計画課長であった池田宏は「両法により都市を整備することは可能になったが、住宅問題の解決にはつながらない。個人の力では改善不可能な住宅問題の解決にも法の下に国家的政策を持って当たらなければならない……」旨を建築学会を通じて呼びかけていました。さらに、当時、大阪市長であった関一は「わが国では住宅問題よりもまず都市計画が世論の焦点になっている」と批判したうえで、より具体的に法案に規定すべき内容として、住居地区の改善、住宅調査、住宅供給などを列挙し、政府に制定を迫りました。住生活基本法制定に向けての議論のなかで常に話題となってきた米国の全米住宅法の制定は1934年であったことを考えると、これら先人たちは先駆的な鋭い感覚であったことが改めてわかります。もちろん、当時の社会情勢からみて、セーフティーネット的な政府の直接的関与に基づいたものではありますが、そのころから１世紀を経て住生活基本法が制定されたことは、ある意味感慨深いものがあります。

自民党は住生活基本法の実践に向けて「200年住宅ビジョン」（自由民主党政務調査会）（2007年５月）をまとめて提言をしました。かつて「100年住宅」が議論された時期がありましたし、その住宅もつくられましたが、100年を待つまでもなく消えていきました。このビジョンでの「200年住宅」と称した姿勢に、ようやく政治が本気で取り組む姿勢が感じられたものです。ある意味で、これが、戦後以来続いた住宅政策を新たな時代に対応した政策転換する大きなチャンスであったといえます。

自民党の「200年住宅ビジョン」では国としての姿勢が感じられ、住宅生産性団体連合会の「住宅の長命化を実現させるために」は住宅業界としてきちんとまとめられ、経済同友会の「『住宅価値』最大化による内需拡大の実現を」は経済界としての住宅への新たな位置づけと期待を表明し、住まいの産業ルネッサンス塾の「提言「住まい」や「まち」の創生による豊かな国づくり」では、より広義のまちづくりを高い見識で捉えていました。個々の企業ベースでも200年住宅、300年住宅等の意欲的な取り組みが行われました。

この「200年住宅ビジョン」では理念として「ストック型社会への転換の必要性、ストック重視の住宅政策への転換」等が挙げられ、「超長期住宅ガイドラインの策定、住宅履歴書の整備」等の12の提言が盛り込まれましたが、**肝心な住宅を資産として位置づけ、資産化への道筋等は明示されませんでした**。この住宅政策の再構築の議論の中に資産化が主たる項目に挙げられなかったことは、非常に残念なことでした。

イノベーションによる成長戦略を描いた「イノベーション25戦略会議」による長期戦略指針「イノベーション25」が2007年６月に閣議決定されましたが、その中で、2025年に実現を目指す社会への提言として、将来実現が期待される技術の例として「200平米200年住宅」が記載されていましたが、残念ながら、これは政策に反映されませんでした。

以上のように、住宅政策に関する新たな考え方が多くの有識者や業界人等の参加を得て検討されましたが、住宅の資産化についてはほとんど検討されませんでした。

②中古住宅市場活性化ラウンドテーブル

「中古住宅市場活性化ラウンドテーブル」は、中古住宅・リフォーム市場の活性化に向けた基本的方向や取組課題を共有することを目的に設営（2013年９月）され、中古住宅流通に携わる民間事業者等のいわゆる実物サイドと金融機関などの金融サイドが、自由で率直な意見交換を通じて、中古住宅市場の活性化や拡大に向けた基本的方向や取組課題を共有することを目的として、不動産事業者、金融機関、住宅金融支援機構等の中古住宅流通市場関係者等の参加を得て２年間にわたり議論され、2015年３月に報告書としてまとめられました。

特徴は24名の委員のうち、金融関係者が13名を占めており、金融の面からの検討が重視されたことです。特に住宅の資産価値に着目した金融商品（リバース・モーゲージ等やDCF分析による担保不動産価値評価を活用した新たな金融商品の開発等）が議論・提言されました。住宅のストック形成についても重要な課題でしたが、ハード面からの維持管理によるものであり、全体としては現存する大量の中古の物件の流通の促進方策が中心的な議論でした。すなわち、その前提となるべく住宅の資産化という本質的な課題には切り込みませんでした。

2　住宅の資産価値に基づいた活用事例

現状の住宅環境の中で、少しでも住宅の資産としての価値に基づいた活用方策が実施・提案されています。たとえば、以前から長年にわたって行われてきた**リバース・モーゲージ**は、十分とは言えませんが、一定の役割を果たしてきています。また、近年、一定の資産価値に着目した**残価設定型ローン**は、住宅がしかるべき資産価値であれば無用の方策かもしれませんが、住宅が資産になる日が来るまでの対応として有効と考えられます。

①リバース・モーゲージ

住宅の資産価値に基づいた商品としてはリバース・モーゲージとホームエクイティ・ローン（HE）が代表的なものです。「リバース・モーゲージ」という言葉はすでに新聞紙面にも普通に使われるようになっていますが、かつては、「一般の住宅ローンである、フォワードローン（抵当融資）と区別するため

図表3－11　リバース・モーゲージの仕組み

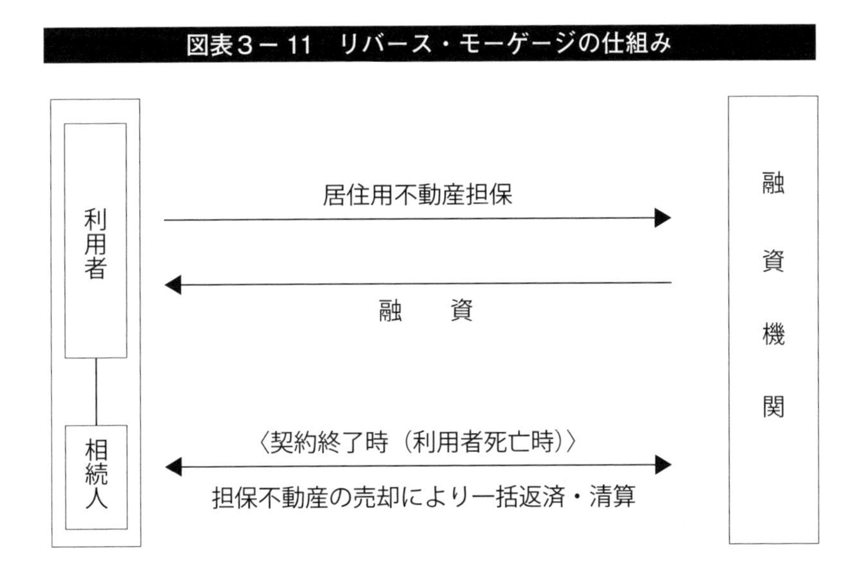

に、「リバース・モーゲージ」（逆抵当融資）と呼ばれています。「リバース」は“逆の”、「モーゲージ」は“抵当融資（ローン）”を意味しています」等と前置きされていたものです。

リバース・モーゲージは、居住用不動産（住宅）の所有者（高齢者）が住宅を担保にして生活資金等の融資を受けて、その返済は通常の住宅ローンのように年々返済するのではなく、利用者の死亡時に一括（相続人が担保物件を売却するなどにより）して返済する仕組みです。

リバース・モーゲージに関して最初の書籍*として発刊したのが20年前の1997年ですが、その後、多くの文献・資料が出されてきましたし、制度・商品や参入企業等も大きく様変わりしています。

*：超高齢社会の常識　リバース・モーゲージ（1997年　日経BP　住信基礎研究所　村林・山田）

リバース・モーゲージは、どの制度も長命リスク、金利上昇リスク、不動産価格下落（担保割れ）リスクという三大リスクがあります。資産活用として有効な商品であるリバース・モーゲージが思うように普及しない原因は、これらの三大リスクもさることながら、金融機関にとっては、手間がかかる割には収益が少ないからです。確かに、一人契約するためには、契約者の高齢者に対して制度の内容を説明し（これが大変です）、相続人の確認や合意形成を得ること、契約後も定期的な生存等の確認等と面倒な商品です。

そのため、積極的には宣伝していませんが、一定の需要はあ

図表3－12　リバース・モーゲージのリスク

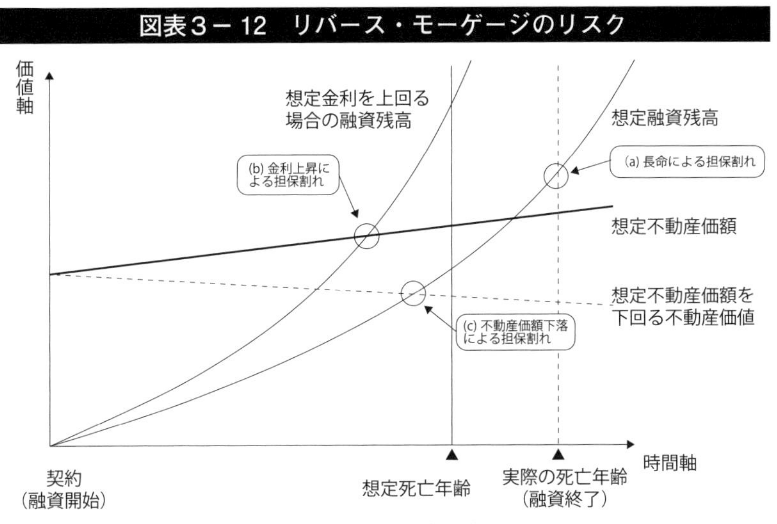

(a) 長命リスク、(b) 金利上昇リスク、(c) 不動産価額下落リスク

ります。

リバース・モーゲージ制度自体は、決して新しいものではなく、1970年代から高齢化社会への対応が各分野で議論されているなか（介護保険はその30年後の2000年に導入されました）で、有償介護サービス等の費用負担のための施策として検討が行われてきました。

先鞭を付けたのは東京・武蔵野市であり、条例の制定のもとに1981年に自治体が直接融資する方式（マンションも対象）として、日本で最初のリバース・モーゲージが開始されました（2015年に廃止）。

これは米国における制度的に完成し、累計契約件数が約100

万件であるHECMよりも10年以上も早く導入したものであり、画期的な取り組みでした。住宅の資産価値に基づいたものですが、資産の最大活用というより有償福祉サービスに対する対価を得る視点からでした。高齢者になって収入がなくても、住宅という資産のある場合に必要な福祉サービスを享受できるようにということです。その後は生活費全般の補足が対象となり、近年では介護施設等への転居費等にも使うことができます。

武蔵野市以降は、有償福祉サービスの視点から自治体による制度（武蔵野市以外の大半は間接融資方式）が十数自治体で実施されました。民間では信託銀行による商品等が世に出ましたし、ハウスメーカーと金融機関との連携商品等も含めて多様な商品構成となってきました。自治体の制度は、有償福祉サービスを目的に比較的資産の評価額が低くても対象としていましたが、信託銀行の商品は銀行の顧客を中心とした高額資産を対象としていました。バブル崩壊後は手間がかかる割には収益性が低いことや不動産価格の急落等により低迷しました。

自治体の制度は、現時点ではすべて国（厚生労働省）による「不動産担保型生活資金貸付制度（2003年）」（旧長期生活支援資金貸付制度）に実質的に移行していますが、これは全国の社会福祉協議会が窓口となり、高齢の低所得者を対象に住用不動産（土地）の評価額の70%（評価額は概ね1,500万円以上）を担保にして借受人の死亡時まで（または貸付元利金が貸付限度額に達するまで）を貸付期間とするものであり、これにより全国のすべての自治体で使えることになりました。ただし、マンション等は対象外であり、連帯保証人が必要です。

また長くリバース・モーゲージに距離を置いていた金融機関も、2010年ごろからは、住宅ローンの超低金利が続くなかで、新たな融資商品としてリバース・モーゲージを改めて見直す機運が高まり、新たな参入機関が増加してきました。さらに、住宅支援機構から、「住宅融資保険を活用したリバース・モーゲージ型住宅ローン」（特定個人ローン保険：一括返済融資型）のための金融機関に対する保険）（2009年）のもとに、2012年ごろから多くの金融機関がこれを利用するようになっています。

海外にも類似の制度・商品はあります。アメリカでは1960年代から民間や自治体が扱ってきていますが、1990年代からはFHA（米国住宅庁）によるHECM（Home Equity Conversion Mortgage）に集約されており、累計契約件数は100万件を超えています。さらに、住宅購入のための住宅購入型HECM（HECM for purchase）もあります。

また、HE（ホームエクイティローン）は住宅の純資産（住宅ローンのうち、返済した分）を担保にして融資を受けるものです。これが米国の消費を支えているともいわれています。日本では、通常は少しでも住宅に担保がついていれば、他の融資のための担保にはなりませんが、返済分は担保価値があるとみなされています。

イギリスでは、1930年代から類似の商品が多く出されてきましたが、「エクイティリリース」と総称されています。税制やノンリコース等の諸課題がありましたが、SHIP（Safe Home Income Plan）という業界団体の設立による商品説明の徹底や、

図表3－13　HECMとHELOCの比較

	HECM	HELOC
対象年齢	62歳以上	18歳以上
政府の保証	有	無
融資の受方	5つのプラン	極度限方式
毎月の返済	無	利息のみ返済
所得税控除	全額返済時に利子分控除	毎年、支払い利子分を控除
使途制限	無	無
期間	死亡時あるいは税金・保険の不払	10年間程度
ローン形態	ノンリコース	リコース

出典：平成21年度産業金融システムの構築及び整備調査（リバースモーゲージ制度の創設に係る調査研究）（2010年3月　経済産業省産業政策局）/ https://www.aag.com/news/differences-reverse-mortgage-hecm-line-credit-home-equity-line-credit-heloc　等

NNEG（No Negative Equity Guarantee）（ノンリコース的規定）の徹底等の消費者保護策と併せて、ライフタイム・モーゲージ（Lifetime Moretgage）（1998年）が普及しています。これにも、売却型の「ホーム・リバージョン」という商品があります。

フランスでは「ビアジェ」という制度があります。これは融資ではなく、住宅購入希望者が住宅所有者の所有権を移転され、その住宅所有者が亡くなるまで生活費を支払い続け、所有者が死亡時に住宅を実質的に所有できるものです。これは数百年前から続いている民法に基づいた制度ですが、射幸性が強いという批判もあり、近年では、融資型の商品も出ています。リバース・モーゲージは担保付貸付ですが、ビアジェは不動産売買契約です。

ちなみに、フランスの民法を導入したわが国でも、民法（法689条～694条）に「終身定期金契約」に関する条項があります（適用事例はありません）。

いずれも類似の制度・商品ですが、住宅が資産としての価値を有していることを前提にしているところが日本と異なります。

リバース・モーゲージは通常の住宅ローンと異なり、本来はノンリコースが原則ですが、債務免除益への課税問題が完全にはクリアーされていないままです。住宅金融支援機構の保険付与によるリバース・モーゲージはリコース型とノンリコース型（残債の訴求を受けない）があり、後者は保険料率が前者に比べて高くなっています。残債免除益の問題を保険でクリアーしている商品です。

住宅金融支援機構には「高齢者向け返済特例制度」（まちづくり融資、リフォーム等）という商品もあります。一般的には所有する住宅の資産価値を担保に生活資金の融資を受ける仕組みですが、これは新たに住宅を購入するための仕組みです。新規取得する住宅を担保にするものであり、マンション建替事業における住宅の建設・購入や市街地再開発事業における権利者が増床等のために活用しています。

近年では住宅金融支援機構が保険を開始したことにより、多くの金融機関が取り扱い始めました。

現在では都市銀行から地域金融（地銀、信用金庫など）等まで、全国で55機関がリバース・モーゲージ商品を扱っています。そのうち26機関が住宅金融支援機構の保険を利用しています。

対象物件は大半が土地付き一戸建て住宅であり、マンションは少数派です。マンションが敬遠されているのは、一戸建て住宅の場合は建物がどうなろうと土地は残り、処分できますが、マンションは建物自体の維持管理に依存し、また、他の部屋で何らかの事故があれば建物全体に影響するためです。しかし、実際に住宅市場として流通しているのは、一戸建て住宅ではなく、都心部などの立地条件の良いマンションですので、本当に資産価値を担保にするには、都心部等のマンションを対象とすべきだと思います。

リバース・モーゲージは金融機関にとってはリスク問題とともに、手間がかかるため敬遠されてはいますが、今後は次第に扱う機関の増大や普及が進むと期待されます。

いずれにしても住宅に資産価値があればもっと効果的に利用できるようになると思われます。

②高齢者同士の相互支援システム

高齢者の増加とともに多様な介護サービスが必要とされていますし、生活費の確保も重要な課題となっていますが、年金だけで十分な老後を過ごせる方は少数だと思われます。

また、住居の資産価値があっても、相続人のいない高齢者も多く、また、相続人がいても不動産を相続したがらないケースもみられます。

リバース・モーゲージは、このような高齢者にとって有効な制度ですので、ひと工夫して新たな仕組みが公的支援措置も含めて検討されています。一般的には一戸建てもマンションも資産価値が低く、リバース・モーゲージの対象になりにくいものですが、都心部などのマンションであれば一定の資産としての価値を有しています。このようなマンションに居住していても収入が低い高齢者に対して、その資産に基づいて介護サービスや生活資金を融通する考え方です。

それが、「高齢者相互支援システムとこれを実現させるための組織である『高齢者相互支援機構』（仮称）」のアイデアです。これは、まさにリバース・モーゲージの仕組みの活用です。

高齢者は住居を担保にして、老後の生活費等の融資を金融機関から受けますが、亡くなった時点で「高齢者支援機構」が金融機関に返済します。担保物件は機構に寄付しますが、機構はそれをそのまま売却する、あるいは、リノベーションして再販します。「相互支援」という意味は、担保物件の価値（売却価格）が債務額を割り込んでもその分は遡及しませんし、再販価格が債務額を上回ってもその分は相続人ではなく機構が取得します。システムを利用する高齢者間でリスクを相互に補完することになります。これが「高齢者相互支援システム」のいわれです。

実行するには当面の債務返済原資が必要ですし、再販時の税制の緩和措置、将来の再販価格の見通しや保険措置等の課題はありますが、都心部の優良なマンション等の一定の条件を対象とする等により、現実的な対応が可能だと期待できそうです。

図表3－14　高齢者相互支援の概略

(1) 高齢者（契約者）が早期に亡くなった場合

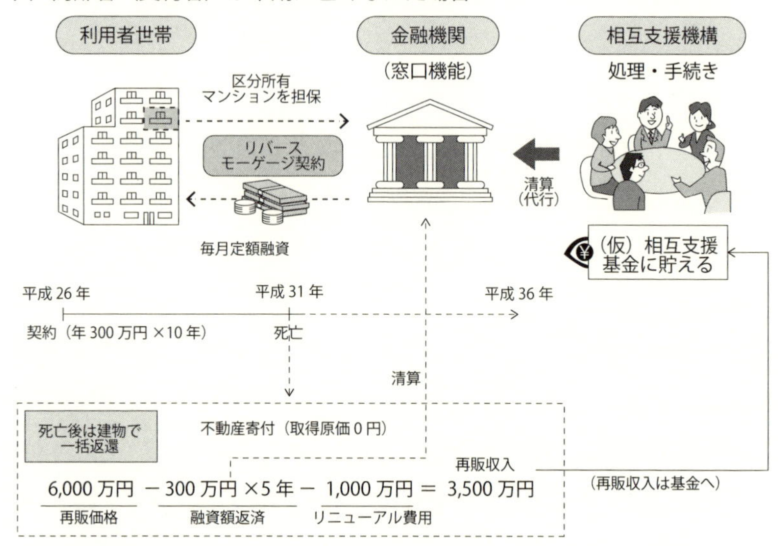

(2) 高齢者（契約者）が融資時期を超えて長生きした場合

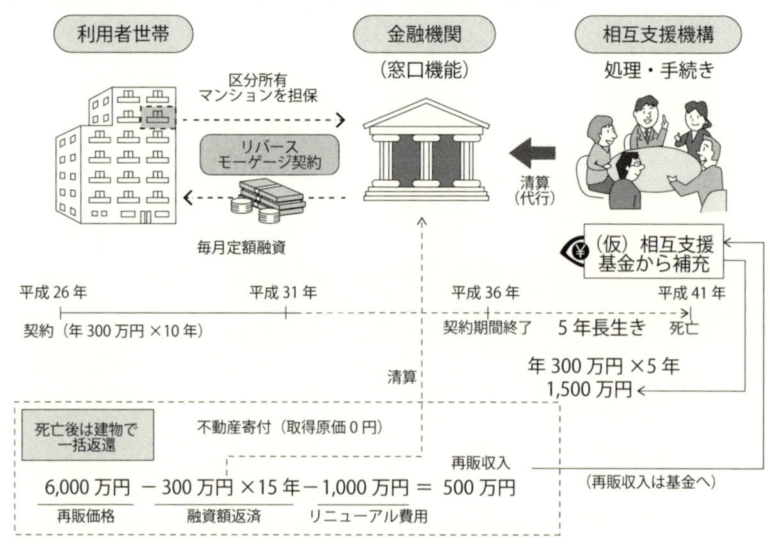

出典：特定非営利活動法人 千代田マンション交流会

③残価設定型ローンと資産価値活用型住宅ローン

国土交通省による「中古住宅活性化ラウンドテーブル」では、住宅の資産価値の活用の側面からも議論されましたが、その中で残価設定型ローンと資産価値活用型住宅ローンが民間の委員から提唱されました。

＜残価設定型ローン＞

５年後の推定担保不動産価値を原価法およびDCF分析の平均値により算出したうえで、当該担保不動産価値を基に、住宅ローンを推計された５年後物件評価額を基に契約期間満了日に物件処分＝代物弁済により借入金を一括返済する部分と、５年間は約定返済する部分とに区分し、一括返済部分は契約期間満了日における物件処分額が借入金残高を下回ったとしても、残額部分については返済を訴求しない（ノンリコース）とする方式です。

従来型の住宅ローンと比較すると、毎月の返済額は同等程度となりますが、①借入可能額が高まる可能性がある、②５年後に住み替えをする際に残債が発生しない　というメリットがあります。

契約期日には再度、物件の５年後の評価額に基づいて、期限を延長することを可能とします。

＜資産価値活用型住宅ローン＞

上記と同様に推計された５年後物件評価額を基にローン利用可能額を設定し自由に利用できます。一括で資金化し必要な資金を任意に利用することができると同時に、残余金については１年間を前提に投資信託等により運用する（資産運用併用型）

ことを選択可能とします。これも契約期日に再評価し、利用可能額に余力があれば延長を可能とします。

残価設定型は、価値下落のリスクを軽減するために5年後の評価としているようですが、住宅の一次取得者であれば、10年経過後に住替え等を考えることが想定されるため、5年後ではなく10年後の評価でも良いと思われます。

本来であれば、優良な住宅は将来的には価値が上昇するため、このような方策は不要かと思われますが、現状では、このような方式で一定の条件を備えたマンション等に限れば、住宅の資産価値を有効に活用することは可能と思われます。

（注）DCF分析による担保不動産価値の算出に当たっては、過去20数年間にわたって蓄積されたマンションの賃料および売買価格データを使用

図表3－15　残価設定型ローンの仕組み

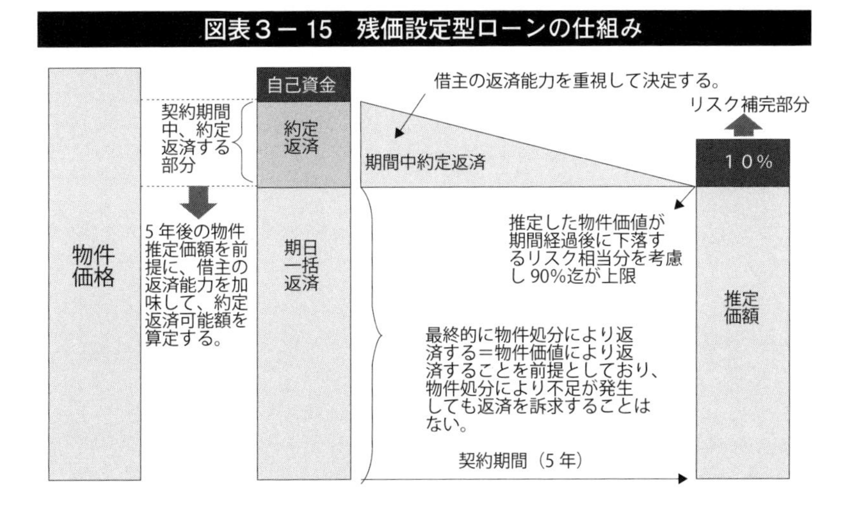

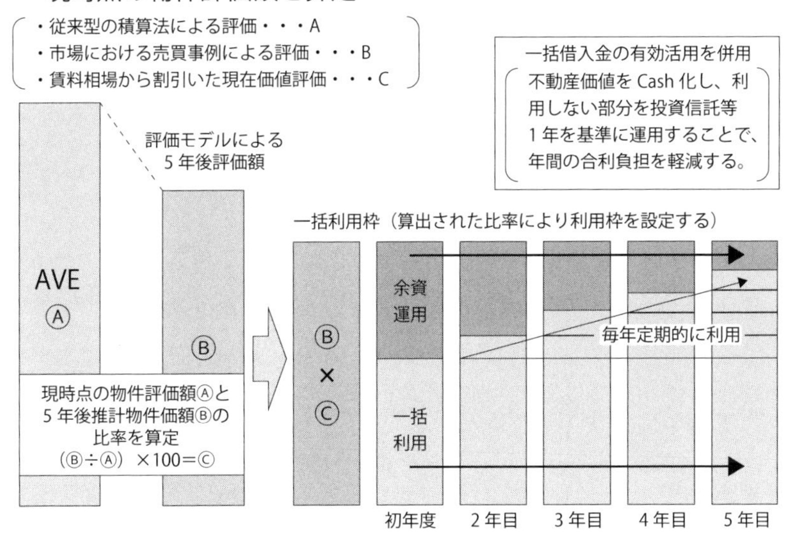

出典：「中古住宅市場活性化ラウンドテーブル」（国土交通省 2013.09.26）民間参考資料5（株式会社金融財政総合研究所取締役本田伸孝）（現株式会社HFMコンサルティング代表）

第 4 章

米国の住宅はなぜ資産となっているか

1 国民の資産形成を国の責務に

米国では、1929年の大恐慌後に健全な住宅ローンシステムを構築し、現在に至っています。また、米国では中央政府の役割は外交・防衛等に限定されていますが、その中で国としての責務として「国民の資産形成」を挙げていることが重要なことです。**国民が住宅を保有することにより資産形成を図り安定した生活をおくることを政策目標としました**が、これがアメリカンドリームといわれているものです。

1929年には97万戸であった住宅着工数が、1933年には9.3万戸と10分の１に落ち込み、中低所得者は住宅購入が不可能に陥りました。このため、ニューディール政策の一環として、フランクリン・ルーズベルト大統領は1933年、ホーム・オーナーズ・ローン・コーポレーション（HOLC）を設立し、小規模住宅所有者を差し押さえから救うために、それまでの融資率50%、返済期間５年の高金利ローンを、融資率80%、融資期間15年（～20年）の低利ローンとする借り換えを促進しました。

この仕組みで、当時の住宅ローンの2割に当たる100万件が借り換えられ、差し押さえも実施しましたが、売却は慎重にして住宅価格の下落抑制をめざしました。一時は20万戸以上の住宅を抱えていたこともありますが、51年の清算時には小幅の利益を国庫に繰り入れました。

1933年に就任したルーズベルト大統領は大恐慌対策として、3R（Relief（救済）、Recovery（回復）、Reform（改革））という３本柱による政策プログラムがありますが、そのうちRecovery（回復）分野のひとつとして設立したのが、FHA（連邦住宅庁）であり、これにより、その後の米国の住宅市場が回復・成長しました。

1934年に全米住宅法（NHA）を制定し、1938年にはFHA保険付住宅ローンを購入する連邦抵当金庫（FAMA）を設立し、抵当金融の債務保証を行い、その後5年間で住宅生産戸数は60万戸に達し、この時代に住宅金融制度が確立しました。現在ではFHA保険付ローンは10％以下でありますが、当初の保険審査事項が住宅価値の根源となっています。

FHAは多様な住宅政策を行ってきましたが、そのなかでも**住宅融資保険**（FHA保険）が重要です。これは、債務者のデフォルトに対して、延滞債権を100％保証するものであり、対象者は、低所得者、マイノリティ等の一般金融機関では融資を受けることが難しい層の一次取得者です。

ここで重要なのは、保険の対象とする**物件の審査方法**です。政府保証といっても、デフォルトが発生すれば、抵当権を引き取り、それにより債務精算をする必要があるため、保証対象の住宅の評価が債務保証額に相当する評価でなくてはなりません。さらに言えば、信用力が低い層を対象に融資を行うため、その担保価値についてより重要視したものです。

住宅物件を審査するための項目は、外部の経済学者達が作成し、ハード面はもとより、財産価値に着目・重視しており、将来にわたり転売価値が高い住宅を目指した点が重要です。

住宅の効用はデザイン・機能・性能であるという認識のもとに審査項目は作成され、機能・性能以上に、デザインそして同時に住宅地の維持管理を重視し、次の５つの評価項目によるものでした。

1）建物評価
2）近隣評価
3）近隣に対する建物の関係評価
4）債務者の評価
5）融資方法

住宅自体の付保険の審査は、上記の１）～３）の「建物評価」「近隣評価」「近隣に対する建物の関係評価」の３分野、29項目で評価されますが、そのひとつに「様式についての適合度」（定評のあるデザイン、スタイルを意味しています）があり、実質的にはこれが重視されました。

デザインを重視する意味は、機能・性能は後にモデリングにより改善可能ですが、デザインは恒久的なものであり、社会的に安定した評価の得られる審美性の確かなデザインであればいいと考えられたからです。その意味で、**クラシックなデザインは確実に評価可能である点から、その条件を満たすものでした。**

したがって、どんなに人気がある建築家のデザインの住宅も、時代を経た評価がなされていなければ保険対象にはなりま

図表4－1　FHAの保険審査基準項目

1）建物評価

	項目	却下	1	2	3	4	5	評価
適合性	配置計画	○	3.0	6.0	9.0	12.0	15.0	
	建物のデザイン	○	1.6	3.2	4.8	6.4	8.0	
	気候への適合度	○	1.4	2.8	4.2	5.6	7.0	
機能性	快適性	○	3.0	6.0	9.0	12.0	15.0	
	採光・通風	○	1.6	3.2	4.8	6.4	8.0	
	機械設備	○	1.4	2.8	4.2	5.6	7.0	
	備品	○	0.6	1.2	1.8	2.4	3.0	
	特別設備	○	0.4	0.8	1.2	1.6	2.0	
耐久性	構造の安全度	○	4.0	8.0	2.0	16.0	20.0	
	風雪等外的要因に対する耐久度	○	2.0	4.0	6.0	8.0	10.0	
	使用に対する耐久度	○	1.0	2.0	3.0	4.0	5.0	
							合計	%

2）近隣評価

項目	却下	1	2	3	4	5	評価
近隣安定度	○	5	10	15	20	25	
悪い環境からの防衛度	○	4	8	12	16	20	
交通の便	○	3	6	9	12	15	
近隣の魅力	○	2	4	6	8	10	
水道・電気・ガス等公共施設の充実度	○	2	4	6	8	10	
税金、特別査定	○	2	4	6	8	10	
市民・社会・商業センターの有無	○	1	2	3	4	5	
地形、近隣の特別な障害	○	1	2	3	4	5	
						合計	%

3）近隣に対する建物の関係評価

項目	却下	1	2	3	4	5	評価
様式についての適合度	○	3	6	9	12	15	
利便性と機能性についての適合度	○	3	6	9	12	15	
物理的環境についての適合度	○	2	4	6	8	10	
建築についての適合度	○	2	4	6	8	10	
公共施設や市町村の改修工事に対する適合度	○	2	4	6	8	10	
近隣施設への近付きやすさ	○	2	4	6	8	10	
不快物からの開放度	○	2	4	6	8	10	
敷地の特殊性に対する適合度	○	2	4	6	8	10	
建物寿命の適合度	○	1	2	3	4	5	
建物配置の適合度	○	1	2	3	4	5	
						合計	%

出典：http://www.m-int.jp/misawa_blog/archives/2006/08/18/2359.html

せんでしたので、当時、売出し中のフランクロイドライト設計の住宅は対象外でした。このことはどの時代にもいえる重要な本質であると考えられます。

また、単体の住宅ではなく、住環境も重視されていましたが、これは当時は、マイノリティ等の白人以外の人種が居住しているエリアは相対的に価値が低下するため、そのエリアを低く評価したものであり、資産価値からの視点からはもっともですが、批判もあった項目でした。しかし、住環境全体を評価する視点は重要であり、これは現在においてもさらに重要な観点です。

2 住宅地経営手法の導入

1 業界の自律的対応

米国では、建設業の業界としての全米ホームビルダーズ協会（NAHB）が大きな役割を果たしており、そのため、合理的な経営・価格形成ができています。住宅の価格が合理的であることはその後の資産化に大きな影響を与えています。

米国の建設産業も、1929年の大恐慌時代に大きな打撃を受けました。HUD（連邦住宅都市開発省）は、住宅の工業化を推進する政策を講じていましたが、これは従来の地場の建設業者から大手企業に主力が移るという危機感のもとに、地場の建設業者の集団であるNAHBは独自の対応を図ってきました。それが、建設業経営管理技術（CM：Construction Management）の導入およびさらなる向上でした。

これは、住宅生産を3つの生産管理技術すなわち、資金、時間、品質という次の3つの側面から契約どおりに実行する技術です。

a. 建設工事費管理（コストコントロール）
b. 建設工程管理（スケジューリング）
c. 建設品質管理（トータルクオリティマネジメント）

これにより、地場の建設事業者は、規模は小さくても効率的な経営の元に合理的な住宅価格、建設工期を実現しています。

資産化にはもともと建物の価格が合理的でなければ、建設後に高次な維持管理を行っても効果は表れません。

このような効率的・合理的な建設業界そしてモーゲージローンのもとに、住宅地経営である一元的マネジメントの効果が発揮できています。

2 住宅地経営手法の導入

米国では、犯罪の多発から防犯には多大な配慮がされており、一時は住宅地全体を塀で囲み、入り口を厳重に管理した「ゲーティッドコミュニティ」が提案されたこともありましたが、ハード的な対策では限界があることがわかったため、郊外の一戸建て住宅地では、個々の住宅を相互に隔離するような隣との塀は作らないことにしました。これは、外から見通せるオープン的な空間のほうが防犯上の安心度は高いということです。

また犯罪は、地域のコミュニティのヒューマンネットワークの不備が原因になっていることが多いため、住宅地内での住民相互の関係を保持することが全体の集団安全を保証することになっています。ヒューマンネットワークは、言い換えれば、わが国の親密な近所付き合いですが、これはお互いに相手をよく知ることを意味しています。ヒューマンネットワークとは、わずらわしい人間関係も意味するものですし、相互監視的な側面もありますが、相互に関係を持たずに知らない同士が関心もなく居住することが最も危険であるとの考えです。わが国でも下町のコミュニティはこのような意味合いがあります。

日本では、地域のコミュニティについては何となくウエットな感覚で捉えられていますが、米国では、住宅を売り切りではなく、多様な価値観の人々同士で安全に住み、資産価値を保全して成熟させることを重視し、そのためには一定の空間とともに住むための厳しいルールの中で生活しています。そして、このルールをCC&Rs（Cobenant Condition&Ristrictions）等で明文化し、資産所有者等自身が積極的に関与することにより、住環境を一元的マネジメントシステム経営しています。

米国の住宅地経営は、住宅所有者による管理組織（HOA）により行っていますが、もともとは英国のハワードによる田園都市・レッチワースでの事業者による借地経営システムが発端でした。

英国では、土地所有者による長期リースホールド（レッチワース・ガーデンシティー（1903）等）により経営運営し、これがその後のニュータウン開発公社に引き継がれて発展しました。最初のレッチワースでは、Letchworth Heritage Foundationによる一元的な管理により、価値が増加してきましたので、これを学んで10数年後には日本でも同様の住宅地（田園調布、池田室町住宅地等）が整備されましたが、分譲売り切り型であり、一元的なマネジメントシステムの導入を図ることはしませんでした。

一方、米国では、リースホールドではなく、個々の住宅所有者を構成員とするHOA（Home Owners Association）によるCC&R（Covenant Condition and Restriction）に基づいた管理運営方式を導入しました。

そのモデルとなったのは当時開発が開始（1928年～1936年）された郊外開発地区のラドバーンでした。

1928年にライト・クラインが計画策定（居住人口25,000人、面積23エーカー）し、有限会社のCHC（City Housing Corporation）が開発着工しましたが、大恐慌の最中の1929年にCHCは開発を断念し、当初の計画の３分の１しか実現しませんでした。同年管理運営組織であるRA（ラドバーン協会）が設立され、1945年にはラドバーンのあるフェアローン市が通常の自治体が持つ権限を有するようになりましたが、継続的にラドバーンは独自の権限を保有することになりました。ラドバーンは、米国の郊外開発のモデルになりました。

日本にも紹介されて、計画面での歩車分離システム（クルド・サック道路を中心としたクラスター等）は導入されましたが、肝心な管理運営ノウハウは導入されませんでした。

ラドバーンはこの**一元的管理システム**の導入により、開発後80年以上を経てもなお価値が漸増し続けています。

管理運営についてもう少し詳しく記載すると、地区全体のマネジメントは住宅所有者で構成されるラドバーン協会（RA：Radburn Association）と居住者が構成員である住民協会（CA：Citizen's Association）の2つの組織で運営されていました。

ラドバーン協会（RA）はHOAであり、その後のHOAは

RAから進化したといわれています。ラドバーン協会は、私有資産以外のコモンを所有し、管理・運営します。建物や敷地内については直接的にはコミットしませんが、建築ガイドラインやCC&R等により厳格に管理しています。

同協会のメンバーは理事と元理事で、ラドバーンの住民は年次総会で投票権を持つのみです。理事は9人、毎年2人の理事を投票で選んで入れ替えますが、理事の1人はCitizen's Associationの会長です。

同協会は、税鑑定人（Tax Assessor of the Borough of Fair Lawn）によって査定された前年11月15日時点の不動産評価額に基づいて、固定資産税の2分の1を上限として費用The Radburn Fund Chargeを徴収し、運営費としています。フルタイムの有給スタッフが4人いるほか、保育所のスタッフ6～8人も有給です。

同協会は保育所のほか、通常の住民活動のマネジメントを行っています。CAは18歳以上のラドバーンの住民（賃借人も含む）なら誰でも参加できる居住者組織です。

日本でも、住宅地のマネジメントに関する意識が高まり、緑園都市（相模鉄道）ではこれを参考にして管理運営組織である、「緑園都市コミュニティ協会」（RCA：Ryokuen-Toshi Community Association）（任意団体）を設営しており、ラドバーン協会と提携しています。

図表４－２　ラドバーンの概要

所在地	米国　NJ州　フェアローン市
敷地規模	420ha
事業主	City Housing Corporation (CHC)
建設時期	1928年着工
区画数／人口	548区画（居住人口：約3,100人）
	・戸建　469戸 ・タウンハウス　48棟 ・2世帯住宅　30棟 ・アパートメント　1棟
土地所有者	各住宅購入者
管理形態	ＨＯＡ（Radburn 協会）・コモン所有

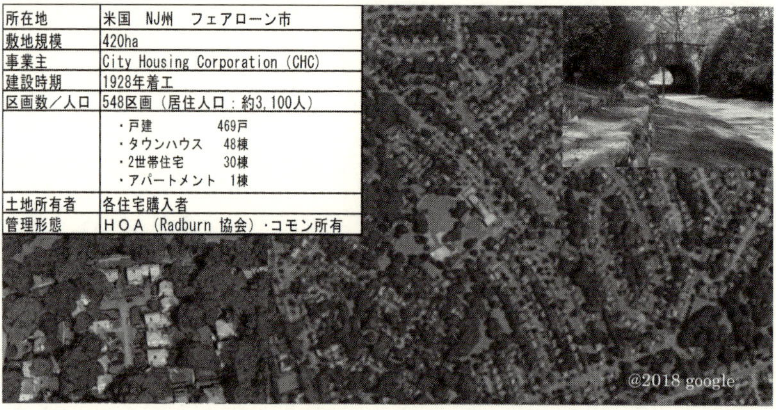

@2018 google

ラドバーンは、米国の車社会における郊外住宅地開発の嚆矢・モデルとなり、各地でさまざまなタイプの住宅地開発が展開され、このような実績と長期にわたって成熟させてきたため、1974年にはニュージャージー州により歴史的保存地区（the National Register of Historic Places and the New Jersey State Register）に指定・登録されました。

3 サブプライムローンとリーマンショック

―中堅層の持ち家率が限界に達した後の政策と成熟した市場として世界的金余りの餌食

過多なサブプライムローンは、さすがにデフォルトの急増を招き、リーマンショックの引き金となりましたが、根本的な原因は、当時の世界的な金余り状況のなかで大量の資金が米国の住宅マーケットに流れたことがそもそもの背景です。

別の言い方をすれば、米国の住宅市場が成熟していて、安定した投資先であったためです。一部には、サブプライムローンも含めた大きな米国の住宅マーケット自体が原因とする見解もみられましたが、事実はその逆であり、成熟した安定的な住宅マーケットは、国際的な金融マーケットの犠牲者といえます。

サブプライムローンは、借り手に十分な信用がないものの、住宅ローン自体は恒久的な価値を有した住宅を担保にしたモーゲージ・ローンですので、通常の信用リスク管理をしていれば、大きな問題は起きない性格のものでした。仮にデフォルトが一定の想定を超えたにしても、住宅の担保価値は融資額のほぼ80%以上であり、抵当権実行により大半を回収することができるはずでした。このため、当初、FRBが2005年にデフォルト増加への懸念を表明しつつも、その後、金融市場の自助的解決を前提に、余裕のある対応をしてきたのも理解できます。しかし、金融技術の高次化およびリスクの読み違え、世界的な金余り状況、住宅ブーム、消費者金融の混乱、証券化のデメリットの増長等の多くの要因が複雑に絡み、誰も一元的に把握できない状況が生み出されたため、世界的に大きな影響を持つまでに至ってしまったのが実情です。

安定していた住宅マーケットにおいてサブプライムローンが急増した背景のひとつが、住宅所有率が非白人系の所有率の低迷で、全体として64%で頭打ち状況が続いていたため、政治的な観点から、本来は避けられていた低所得者や信用力の無い世帯に対してローンを供与する政策を講じたためです。それでも、MBSの新たな商品化や予想されたデフォルトに対する保険商品等により、リスク回避をすることにより、何とか破綻せずにいました。しかし、その保険としての金融派生商品であるCDS（credit default swap）自体が破綻したことが直接的な原因となりました。

CDSは住宅ローンのデフォルトリスクに対する保険商品ですので、一定比率のデフォルトには対応可能ですが、デフォルトを前提にして購入されたため、保険金支払いが急増し、発行団体が破綻しました。この種の商品は、一部が破綻すると連鎖的に破綻が起こり、金融業界全体の破綻となりました。

MBSはモーゲージが担保であり、その元である住宅の資産価値は十分ありましたので、デフォルトしても市場で十分回収できていました。しかし、サブプライムローンのデフォルトの急増により競売物件も急増したため、さすがに住宅マーケットも混乱・停滞してしまいました。これをみて、従来の安定した住宅マーケットの強さを知らないマスコミや一部の評論家は、米国の住宅マーケットがバブルであり、実態がなかったかのように伝えましたが、実態は全く逆でした。世界的な余剰資金の矛先が、政治的にやむを得ない政策（無理な住宅所有率の向上）と数十年にわたる堅牢なマーケットへの信頼が背景にあったことは皮肉なことです。

図表4－3　サブプライムローン問題の構図

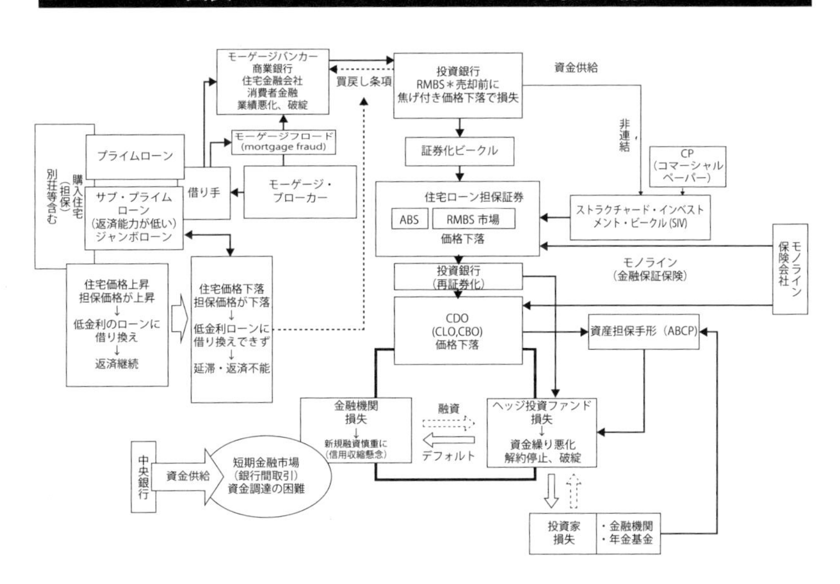

出典：住宅の資産価値に関する研究（2008年3月　村林正次）

第5章

住宅の資産化への処方箋
――住宅政策から国土政策まで

1 住宅の資産価値の構造

我々が住宅に対して価値を求める理由と価値の実体をまとめると、次のように集約されます。

長年働いてきた対価により、さまざまな消費活動を行ってきましたが、所得がなくなった（年金程度のみ）時期においても、一定の資産があれば安心した老後を送ることができます。現状では、住宅は実質的には償却資産として扱われ、購入した直後から価格が低下し、最終的には0（あるいは除去費用分がマイナス）となってしまいます。これは資産ではなく、単に一定期間の居住の効用のために分割払いしているのと同様です。もちろん、売却できなくても住み続けることができますが、その状態でも資産と呼ばざるを得なかったことに問題があります。

本来は、**住宅の購入は投資であって、購入した物件は、必要なメンテナンスをすれば、購入時以上の価格で売却することができなければなりません**。多額の資金を融資する金融機関は、債務者が返済不能になった際には担保物件と債務を相殺することになるため、担保物件の資産価値保持には最も関心を持つべきです。しかし現状では、クレジット・ローンであるため抵当権設定はするものの、保証会社により代位弁済されるため、厳密な担保評価はしません（保証会社が担保評価をします）。

日本は米国に比べて社会経済的に安定しており、デフォルトも低いため、米国のような厳しいリスク環境にはないのですから、米国と同様のシステムを導入すれば、国民や企業ははるかに高い効用を得ることが可能と考えられます。

そして、資産形成が可能となるとともに、その間は豊かな都市・生活空間を享受することができます。このように**住宅が資産となれば、個人の資産形成そして結果的には地域全体、ひいては国全体の価値を高めることに他なりません**。

そして、住宅ローンの支払い額を可処分所得の25%以内、住宅価格は年収の3～5倍程度とすれば、将来における多少の不慮の出来事にも対応可能であり、豊かさを実感できます。住宅空間は、当然必要な機能・性能が充足し、地域の文化を反映した美しいデザインであることが必要ですし、その結果、いつでも必要な時期に市場で売却あるいは担保として融資を受けられるような状況を目指すものです。

①住宅の価値創造とは

住宅の価値は、経済学的に言えば効用と価格が等価であることを意味しています。これは当然のことと思えますが、実際は等価ではないのです。

住宅関連産業におけるすべての取引に介在するものが金融であり、住宅購入、住宅建設等のあらゆる取引にとって重要な要素です。そして、これらの取引の実体を担保するものは、住宅不動産自体の価値です。各種金融関連機関（都市銀行、地方銀行、モーゲージバンカー、住宅金融支援機構、モーゲージプランナー、各種投資家等）は、全体システムのコアとなり、住宅ローンをノンリコース的なモーゲージ・ローンとして確立するには、住宅が将来的にも価値を維持し、市場の中でいつでも住宅ローン額より高く売却できることが条件となります。そのためには、民間主導の金融システムとともに、既存住宅の市場が成立している必要があります。

住宅価格が適正であることも重要であり、住宅の価値と評価システムそして、何よりも**時代を経ても減価しない恒久的なデザインやスタイルが不可欠**です。設計者たちが、地域ごとの独自性ある定評を得られるデザインを提供することが重要であり、さらに言えば、住宅の基本性能や機能の充足はもちろん、リモデリングや補修等への対応を考慮したものを含めた標準設計と、それに基づいた設計集などを消費者に提供することが重要です。

適正価格の形成には、正確な設計図書および公開原価に基づいた見積り、合理的な施工管理の実施のためのコンストラクションマネジメントが不可欠です。

そして、**適正な価格で恒久的な評価が得られるデザインによる住宅・住宅地を、将来にわたって維持管理、そして経営するためのエリアマネジメントがポイント**です。エリアマネジメントの主体は、当該地域の権利者であり、自治体とも連携して地域全体のポテンシャルを増加させることが重要です。

サステナブルな住環境の最大の要素は、「立地」であることは明らかですが、交通ネットワーク等の利便性や、都心部との近接性、良好な自然環境、高次の都市利便機能（病院、学校、SC 等）などの多様な観点からの立地条件があります。エリア内をどのようにマネジメントしても当初の立地選択が悪ければ限界があり、今後の需要低減時代には競争に勝つことはできません。

また、地方や荒廃エリアへの投資は民間ベースでは困難ですが、これらのエリアにおいて適正な住宅の供給を行うことは、地域全体の活性化の重要な視点であるため、**国や自治体の資金をベースに社会投資家等の資金を導入し、地域ベースで活動する事業型のまちづくり組織（アフォーダブル住宅の供給やコミュニティデベロップメント等）に対する支援システムも必要・有効**だと思われます。

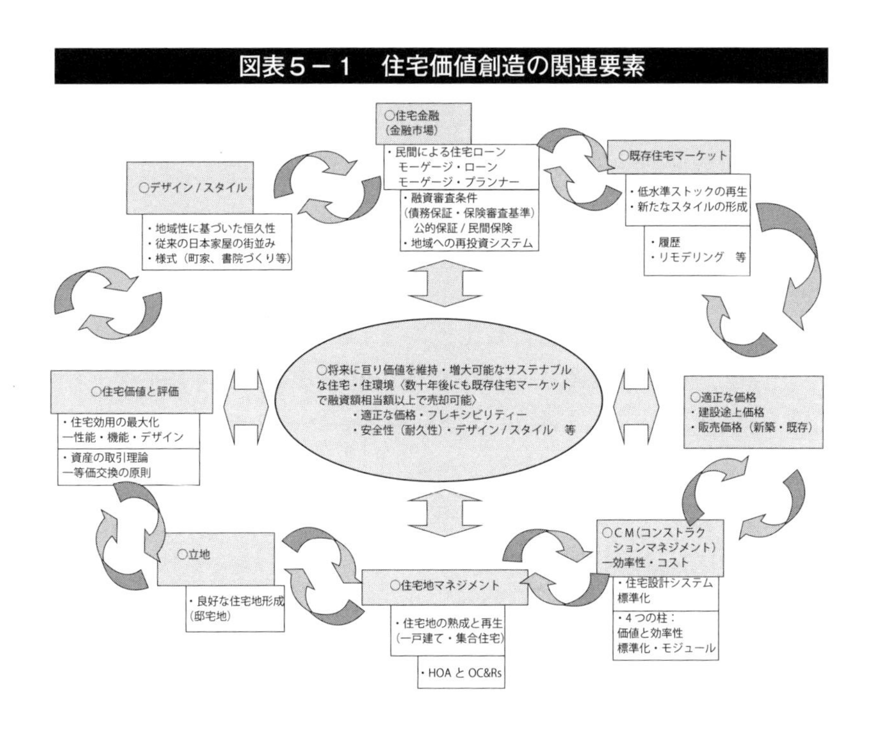

図表５－１　住宅価値創造の関連要素

以上のように、多様な分野の多様な主体やシステムが相互に関連して、**初めて資産価値のある住宅・住環境を形成・経営することができます。**

②価値創造システム

わが国では、全国的な人口のピークは迎えましたが、世帯数はまだ増加し、建替えや住替え需要はまだ継続すると考えられます。今後10年間は、まだ100万戸レベルの住宅着工数が見込まれるため、この間に構築すべき次世代の住宅価値創造システムの全体像は、下記のとおりです。

住宅の価値創造のためには、個々の部分効用の最大化から、全体効用の最大化を目指すことであるため、これまで述べてきたすべての要素が同時に実行されることが必要となります。

制度や仕組みも重要ですが、下記のように、まずは購入者そして各業界・分野での意識改革が必要です。

・購入者：住宅購入は投資であり、住宅に資産価値があることは当然であるとの認識
・国／自治体：住宅を資産化することは国の責務であること、住宅地の熟成は都市全体の価値を高めることを意味すること、民間が正しい経済活動を行うための支援及びセーフティーネット対策の役割を認識
・金融機関：資金の貸し手の責任と権利の認識と住宅の価値向上は、購入時の住宅ローン、返済中のホームエクイティ・ローン、返済後のリバース・モーゲージと継続的に融資業務につながり、また、適正なローン負担は消費増大につな

がるとの認識
・デベロッパー：短期的な売り抜けではなく、住宅・住宅地の資産化の仕組みづくりを図ることにより、長期的視点で収益を向上させることができるとの認識
・ホームビルダー：効率的な経営管理システムを導入することにより、顧客の信頼を高め安定的・合理的に利益確保が可能であり、住宅価格の低減等が可能との認識

住宅価値創造の要素とポイントをまとめると、下記に示すとおりです。

＜住宅・住宅地の価値の要件＞

ⅰ）基本的な機能・性能（耐震性・断熱性・機密性等）の充足

ⅱ）居住者のコミュニティに対する帰属性を感じさせるデザイン（持続的評価を得られるデザイン）

ⅲ）厳格なデザインガイド及び恒久的なマネジメントシステム（建築協定、地区計画、マネジメント組織組成等）

＜立地＞

住宅および該当地区の立地が、第一義的要件です。立地は単体の住宅では享受できない都市レベルの要件であり、住宅及び住環境において優良であっても、立地選択を間違えれば、価値ある住宅にはなりません。

一戸建て住宅であれば、鉄道沿線の駅からの至近エリアや、すでに定評を得ている住宅地の隣接エリアの数ヘクタール以上の土地が適当です（いくら広い土地が安く購入できても、将来的に中心部や周辺の各エリアとの近接性が弱い、あるいは、土地柄が悪いエリアは時間経過による熟成は期待しにくいものです）。

<住宅ローン>

民間金融機関は、**住宅ローンを担保価値に基づいたモーゲージ・ローン**とし、資産化可能な要件に合致した住宅をローンの対象とすることが必要です。

住宅の担保価値に基づくとしても、一義的には借入れ者の信用リスクの厳密な審査が必要です。

住宅価格は年収の３～５倍程度、住宅ローンの支払い額は可処分所得の25％以内とすると生活に余裕が出てきます。

<資産活用>

資産価値向上による売却利益およびローン返済分については、**ホーム・エクイティー・ローン、返済後はリバース・モーゲージ・賃貸等の多様な活用方法**を実現できることが重要です。

<住宅・住宅地設計>

住宅単体については、住宅の機能・性能は超長期耐用住宅の認定要件（特に省エネに配慮）を充足するとともに、**恒久的に評価されるデザイン（社会属性に対応した帰属性、すでに定評を得ているデザイン等）を重視**すること、および**将来のリモデリングや補修等の容易性を考慮**しておくことが重要です。

設計は、標準設計集（ホームプラン集等）から選択し、質の高い設計（設計図書一式）を廉価で取得するような仕組みが必要です。これは住宅購入者にとっては、簡便に資産価値のある優れた住宅を選択できることになりますし、設計者にとっては、優れたデザインの住宅が多く建設されることになり、設計料も潤沢に得ることが可能（一戸当たりの設計料は少額であるが多くの戸数に販売可能）となります。それだけに標準設計には十分な時間とそれを選定する眼が重要となります。

＜生産・施工＞

基本的な部材・造作は、極力規格化することにより、新築時の効率的な設計や施工に資するとともに将来のリモデリングにも簡便に対応可能とすることが可能となります。また、高次な製品を廉価で供給することが可能となります。

施工はコンストラクションマネジメントの実施により、効率的に工事管理を行うことにより工程・工種を削減し、工事期間を短期化するとともに、建設コストの低減を図ることが可能です。ホームビルダーの能力向上および業界の再編を行い、どのビルダーでも対応可能なシステム構築が必要です。

＜エリアマネジメント＞

住宅地のコミュニティの熟成により恒久的な価値を確保するため、当初より、デベロッパー等により**エリアマネジメント（経営のための管理規約及び組織設立）を組み込むことが重要**です。

エリアマネジメントの実践体制自体が、ローン審査および開発の認可要件となるようにすれば、自ずからエリアマネジメントが組み込まれることになると思われます。

デベロッパーは売り抜けではなく、エリアマネジメントに継続的な関与（修繕・リモデリング・管理・仲介等）をすることにより、長期的に収益を確保することができます。

＜自治体条例＞

可能であれば、当該エリアの自治体により「エリアマネジメント条例（仮称）」を制定し、良好な開発内容とともに、恒久的なエリアマネジメントを包含していることを開発の条件とすることが望まれます。やはり、法制度の裏付けによる義務的な背景が有効だと思われますし、このことは自治体の資産化に大いに効果があるため、ぜひ**都市の将来像を確立したうえで条例の制定**をすべきです。

図表５－２　住宅価値創造の構図

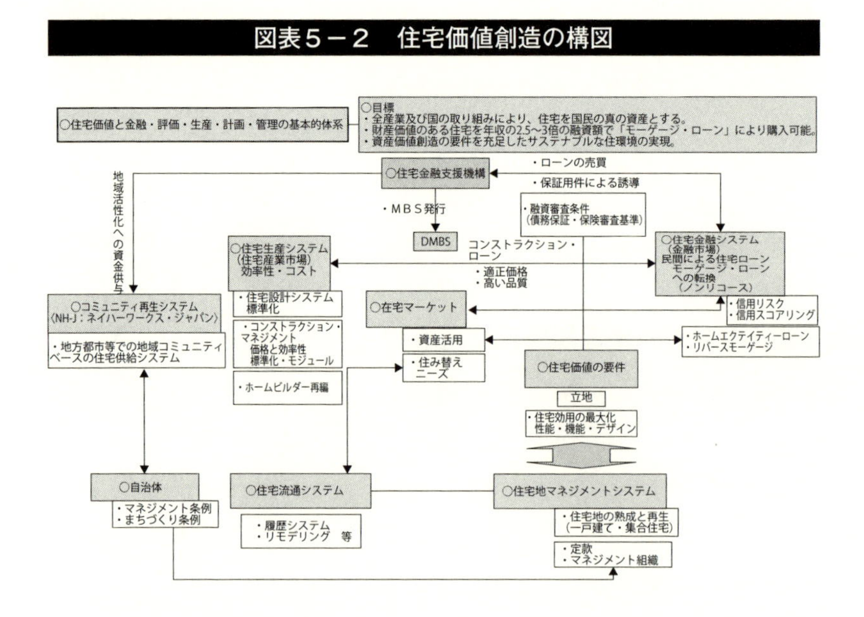

2 資産価値化は性能・機能から普遍的デザインへ

住宅の資産価値とは何でしょうか。建物自体が頑丈で耐震性が高く、防火性や断熱性が高いことは重要です。これらの性能・機能の充足は必要条件であり、あたりまえの条件ですので、これまで軽視されていたことが不可思議です。長期優良住宅制度によりかなり改善されましたが、それでも肝心な気密性はあまり重視されていませんし、住宅性能評価制度も実際の性能が実現できているかは不確かです。また、性能向上のために設備系を充実する方向ではなく、パッシブ型の取り組みを重視することが重要です。

一生の買い物ということで個々の趣味的な嗜好が反映されすぎており、結局、他人には関心のない住宅となってしまって住宅市場には入れません。特に建築家に依頼しようものなら、施主の使い勝手もおろそかになる変わったものができてしまいがちですので、一世代で役割は終えてしまいます（もちろん、建築的には優れた住宅もありますが、それでも、市場では流通しにくいものです）。仮に完成当時は人気のあるデザインであっても、多くは長続きしません。一定の普遍性がないと転売は不可能ですが、これは同一性を意味しているのではなく、**持続的に評価を受けるようなスタイル、様式**を意味しており、そのうえでの個性を発揮させることが重要です。

1　住宅の価値

住宅の価値は下記の５つの側面があります。本書では基本的には①の資産価値を対象としていますが、これは②の使用価値の評価が住宅市場における需給関係で価格として決定されて、資産としての経済価値となっているということを意味しています。

①資産価値：	経済的価値－価格で表示
②使用価値：	デザイン－審美性と嗜好アイデンティティー 機能　　－利便性とライフスタイル 性能　　－安全性と受益レベル
③文化価値：	恒久性－真善美
④歴史価値：	歴史性、希少性
⑤学術価値：	諸学術対応

住宅の価値については、まずは住宅が立地する「住宅地・住宅環境」の効用とそこに存在する「住宅単体」の２つの段階で考える必要があります。

これらはいずれも「**デザイン**」「**機能**」「**性能**」が、3つの要

図表５－３　住宅の効用と資産形成

使用価値の要素	**資産形成**	負債形成
デザイン（審美性）	**クラシック / 社会的評価 （スタイル / アイデンティティ）**	ポピュラー / 趣味的 （個々の嗜好、流行）
機能（利便性）	**フレキシブル 世代を超えた住要求**	リジッド 固定的な「居住水準」
性能（安全性・環境性）	**検証された材料・工法**	新しい材料・工法

素です。

当初の住環境が良好であっても、将来的な地域の立地ポテンシャルが欠如していれば、最終的には地域間の競争にさらされて、資産価値が下落する可能性が高くなりますので、**住宅地の立地の選択**がその前提にあることは言うまでもありません。地域の性格に応じたマーケットを想定しながら、広域的な観点からの地域の立地ポテンシャルの是非を把握することが重要となります。同時に、個々の住環境の整備が地域全体のポテンシャルを高めることにもつながることも事実であり、個々の住環境の効用を高めるとともに、地域全体の基本となるマスタープランの作成と、これを適正に維持するための経営的仕掛けが重要なポイントとなります。

2 住宅・住宅地の価値を構成する３つの要素

「機能」「性能」「デザイン」の３つの要素については下記のとおりであり、「機能」「性能」を必要条件とし、そのうえで「デザイン」を充足することにより資産化が可能となります。

①「機能」

住宅では、プライバシーや住まい方に応じて必要とされる機能であり、住宅地に居住する人々のライフスタイルに対応する、生活利便性の充実・実現です。

これらは交通インフラから各種公共施設、ショッピング、リクリエーション施設等の都市自体に必要な機能です。

郊外の大規模ニュータウンのように、都市レベルで必要な都市機能から生活関連サービスまですべてを包含しているものから、既成市街地の中にインフィルされ、周辺の既存施設利用を前提にしたものまで、さまざまです。

②「性能」

安全性や健康性等を意味し、住宅では耐震性や断熱性等であり、住宅地では人為的な公害や大地震や津波等の自然災害からの安全であり、昨今では、わが国でも、犯罪からの安心が大きなテーマとなっています。

③「デザイン」

デザインの良し悪しというもの（ある意味、良いものですが）ではなく、市場価値の面から長い間にわたって魅力があるかどうかという評価であり、**持続的に経年評価を受けるクラシック的なデザイン**ということになります。住宅地では景観・街並みのデザインであり、美しさですが、単に見た目が美しいだけではなく、そこには住環境への帰属意識を持てるものでなくてはなりません。2戸以上の住宅による相隣住戸から、ストリートスケープ（通り単位）、ビレッジスケープ（街区・住区単位）、タウンスケープ（都市単位）までの広がりがあります。

表面的ではない美しさの価値、すなわち、映画のセットのようなものではなく、また、一時的な流行ではない、時間を超えた価値観を共有できるものが必要です。自分たちの地域であるというコミュニティ意識も、この共有された価値観から生み出させた景観・街並みを背景に生まれます。

共通の美しさと、それぞれの特徴がうまく併せ持ったものでなくてはなりません。すなわち、少なくともひとつひとつの通りは個性のある特徴的なデザインとしての街並みが形成され、それらが集まった一塊の地域が、さらに個性あるコミュニティを感じさせるものであることが必要です。

できれば、その地域の特性を現わす歴史的な記憶（旧い民家、寺院・神社、塔、広場、庭園、森等）がそのまま、あるいは、その面影を反映したものをコミュニティの象徴として卓越したデザイン化されることが望まれます。

そして、それらを具体の計画づくりのベースとしてまとめた**マスタープランとデザインコード**が必要です。わが国でも、地区計画・建築協定等がある意味同様の役割を担っていますが、その承継性・厳守性などからは中途半端であることは否めず、また、個々の設計レベルまでは記述されていません。

米国では、犯罪の多発から防犯には多大な配慮がされており、一時は住宅地全体を塀で囲み、入り口を厳重に管理した「ゲーティッドコミュニティ」が提案されましたが、第4章で述べましたようにハード的な対策では限界がありました。

わが国では、地域のコミュニティについては何となくウエットな感覚で捉えられていますが、米国では、多様な価値観の人々同士で安全に住み、資産価値を保全するためには、一定の空間中で住むための厳しいルールのもとで生活しています。そして、このルールを**住宅地管理基本契約約款（CC & Rs：**

Cobenant Condition & Restrictions）等で明文化し、資産所有者等自身が積極的に関与することにより、住環境をマネジメントしています。

また、住宅はライフスタイルやライフステージに応じた空間であることが重要ですが、日本の住宅は住宅購入時にその時点のライフスタイルや個人の趣味を反映しすぎることが往々にあるため、その後の変化に対応できないとか、他に売却しにくくなる面があります。本来はライススタイルの変化に応じて簡便にリモデリングができることが必要です。

3　欧州における数百年の蓄積を反映したサステナブル住宅の条件

米国は新しい国ですが、ヨーロッパの経験・歴史を踏まえた文化を擁している国でもあり、特に住宅・都市に関してはヨーロッパの数百年に亘る資産価値形成のプロセスを反映させています。

米国におけるサステナブル住宅の４つの条件は下記のとおりです。

①アフォーダブル（家計費支出に適合すること）

住宅価格は個々の収入で購入できる範囲、すなわち、日常の家計を過度に圧迫しない程度の支出で購入できることが必要です。住宅ローンの支払いのために数十年にわたって教育や旅行や趣味等の支払いに支障があるようでは実質的には支払えないことになります。

日本人が豊かさを感じられない大きな理由の一つが、住宅ローンの支払いの過度な負担ですので、今後は所得の3～5倍の範囲で購入できるような住宅を供給すべきです。

②バリュアブル（住宅の社会的価値が維持向上すること）

住宅の価値は、持続的に定評を得られるデザインそのものです。それが立地している住宅地では優れたランドスケーピングが形成され、これを厳格な規約のもとに経営マネジメントがされていることにより、社会的な価値が維持向上されます。

③フレキシブル（居住者のライフステージ・ライフスタイルに柔軟に対応できること）

当初の居住時期から経年に応じて、居住者は高齢化しますし、ライフスタイルが変わりますし、家族構成も変化します。

このような状況に対応して、**柔軟に低コストでリモデリング**できることが重要です。もちろん、大きな変化の場合は適切な価格で売却して適切な住宅に買い替えて、移ることを可能とすることです。

④グリーン（健康で安全・衛生性能を有する環境であること）

セーフティ、セキュリティ、ヘルシー等の安全・衛生に関する要求を、エコロジカルなシステムで実現することです。断熱・遮音・遮熱・貯水等をできるだけ機械的設備等を使わない**パッシブな形態で実現**することが重要です。

庭に有機農法の家庭菜園等を設けたり、クラインガルテンを敷地内や住宅地内に設けること、ひいてはアグリカルチュラル・アーバニズムの考え方もこの流れです。

3 住宅政策の目標を国民の資産形成へ

今後の政策としては、住宅の性能機能を充実させることはもとより、「住宅の資産化」を目標にすべきです。そして、この実現のための政策への転換が必要だと思われます。

長期優良住宅やZEH（ネット・ゼロ・エネルギー・ハウス）等は必要な条件であり、これらの既存政策を推進して、耐震性や断熱性をより高めたり、創エネを含めて地球環境のためにエネルギー面での貢献を果たすことは非常に良いことですが、このために膨大な補助金を支出し、その結果数十年後には空き家になり、リモデリングされることもなく、廃屋になるか建て替えられてしまうのでは元も子もないことになります。

鳴り物入りで導入されたが経済産業省のZEHの支援事業も、当初は多くの申請がありましたが、補助金額が減少したこと等もあり、今や追加募集する事態となっていることなどを考えますといくつかの類似の政策は一本化する等により効率化を図ることが必要かと思います。

第3章で示したように、わが国の戦後の住宅政策、すなわち国の住宅政策の目標は、住宅不足に対する早期大量供給であり、一人当たりの最低規模の確保であり、耐火・耐震性等の機能・性能の拡充に終始していましたが、それですら、十分とは言えない状況にありました。

そうこうしているうちに、資産ではない住宅が予想どおり流通せずに空き家として放置され、結果的には空き家対策、使えない中古の住宅を、少しでも流通させるというネガティブな後追い政策となってしまいました。

膨大な住宅戸数を抱えるなかで、今後の需要縮小を考えると、大きな政策転換はしにくい状況にみえますが実はそうではなく、**今、取り組み始めれば十分良い循環に転換可能である**と思われます。需要が減少するからこそ、優良な中古の物件のリノベーション・流通の円滑化とともに、資産化可能な新規供給により、住宅市場の形成、住宅の資産化という政策の実現化が可能となります。

改めて、行政が住宅を資産として位置付け、住宅を保有することは資産の形成であるという姿勢で関連政策に取り組むことが重要です。

4 住宅単体から住環境としての資産価値

1 コミュニティに基づいた住環境マネジメント

第３章６で示したように、HOA によるマネジメントの欠如が資産としての価値を毀損させた大きな理由のひとつです。その結果、今や首都圏郊外で多くの住宅地がまさに荒廃しかかっており、地域によっては遅きに失する状況にあります。

今後、目標とする資産価値を有する住宅・住環境のコンセプトは、「将来にわたり価値を維持可能なサステナブルな住宅・住環境」であり、言い換えれば、**将来、いつでも既存住宅市場で、購入額以上で売却可能な住宅**です。従前は、将来の生活の不安の解消として、郊外の土地付き一戸建て住宅を所有することであり、これが「住宅双六」の上がりでした。

従来も国民の最大の資産は住宅であるという言い方はされていましたが、漠然と資産だと考えてきました。とは言っても、多くの所有者は途中で住替えのために売買することはあまり考えていませんでしたし、住宅や住環境も売買を想定した設計にもなっていませんでした。

これから、住宅を財産・資産として考えていくとすれば、住宅は市場で選ばれなくてはなりませんので、そのためにさまざまな対応をしていく必要があります。

サステナブルはすでに言い古された感がしますが、実際にはこれを実現した住宅・住環境の事例はほとんどありませんし、サステナブルの内容も明確になっていません。**これからが、本当の意味でのサステナブルを実現する時代です。**

これまで「100年住宅」とか「200年住宅」とか言われてきましたが、実際に200年間価値を維持し続けることは容易ではありません。年数はともかく、長期にわたり価値を継続させるためには、耐久性・耐震性などのハードはもちろんですが、管理形態やコミュニティ形成等も含む**継続的なマネジメントが鍵**を握っています。

住宅は人々、地域の文化の表象でもあり、これらを抜きにしては、地域に根付いた住宅を長期にわたって維持することはできません。

サステナブルな住宅・住環境は所有者・居住者間のコミュニティの質が鍵を握っているといっても過言ではありません。

コミュニティの重要性やコミュニティ論は、以前より指摘されてきましたが、その多くは善意の住民の親睦的な集団の意味合いが強く、真に住環境をマネジメントする主旨は弱かったのが実情でした。

住宅の資産化は**新たな「住環境コミュニティ」を構築**することから始めることが必要です。

ここでのコミュニティは、相互扶助的な意味（このこと自体はわが国の良さです）とともに、住宅・住環境を資産として断固、維持・成熟させるという強い信念のもとで、存在・運営されるものとして位置付けることが必要です。

自分の土地だからといって、勝手に建て替えたり、壊したり、好きな色に塗り替えたり、庭を放置して雑木林にしてはいけません。

既成市街地では、新たな住宅地と同じ規約ではなく、建替え等における規約が重要となります。昨今、リノベーションばやりでもあります。もし、リノベーションの後にも継続的に価値を形成・維持させようとするのであれば、一定の規制・誘導が必要と考えられます。リノベーションの中には、リノベーションにおいても単に中古物件の改修ではなく、住宅市場の形成に資する資産化可能な新築住宅として再生している非常に優れたものがあります。これらが一定の基準のもとに増えることは重要なことです。

わが国では、町内会などの居住者による地域組織があり、一定の機能を果たしてきました。人種も考え方も類似した人たちの善意の集団としては、極めて優れており、誰に言われることも無く家の周りを清掃したり、祭りや子ども会等にボランティアで参加してきました。米国から見ると、多大な労力をかけて築いてきたコミュニティが日本にはすでに昔からあったという見方をすることもあります。

しかしいつの間にか、行政の下請け組織、一部の住民だけの意向が反映、全員加入ではなくなっている等のマイナス面が強くなっており、なかには形式的なコミュニティになっている町内会もあります。

日本においても米国ほどでないにしても、多様な価値観の人々が一緒に住まざるを得ない状況のなかで、快適に、資産価値を保持しながら住まうには一定のルールを持つ組織が必要とされてきています。

たとえば、防犯については近年特に関心が高くなっていますので、防犯カメラ等の情報機器の設置や、ゲーティッドコミュニティのような物理的な対応もしてきましたが、限界があります。やはり、所有者・居住者同士の融和や相互監視等が重要な役割を果たすことになります。

一定のルールのもとに住環境が高い水準に保たれれば、そこへの居住ニーズが高まり、さらに居住者自体の質も高まることにより、その居住者コミュニティ自体への参加ニーズ、すなわち、そこでの住宅購入ニーズが高まり、いっそうの価値向上が図れるものです。

こうして、コミュニティに支えられて経年的に価値が向上する住環境のあり方が「サステナブル」と呼ばれるものであり、**これからは地域特性に応じた住環境のサステナビリティーを実現することが不可欠です。**

ちなみに、住宅地のみならず、中心市街地（BID：Business Improvement District等）や大規模開発地区においても、広義のエリアマネジメントが試行されています。マネジメント主体の組織形態もさまざまであり、法人格のない任意団体から法人格を有する団体まで多様です。法人格は認可地縁団体、NPO法人、中間法人、団地管理組合法人、LLP（有限責任事業組合：Limited Liability Partnership）、LLC（合同会社：

Limited Liability Company）等があります。

　マネジメントのための決めごとについては、協定制度、地区計画等の制度があり、さまざまな運用がされていますが、内容

図表5－4　エリアマネジメント組織・制度の事例

		都市づくり		地域管理	
		組織	構成員	組織	構成員
大規模跡地型	◆大阪ビジネスパーク地区	OBP開発協議会	全地権者（民間企業11社）	OBP開発協議会	全地権者（民間企業11社）
				街区および内容別の組織	地権者、テナント企業
	◆横浜みなとみらい21地区	㈱横浜みなとみらい21	全地権者（民間企業45%、公的セクター55%）	㈱横浜みなとみらい21	全地権者
				街区および内容別の組織	地権者、テナント企業
	◆汐留地区（汐サイト）	汐留地区街づくり協議会	西対策協議会 全11街区の地権者 東京都、港区	中間法人汐留シオサイト・タウンマネジメント	地域の地権者
混在市街地型	◆東五反田地区	街づくり推進協議会	先行5街区地権者（33%）＋区	アーバンマネジメント連絡協議会	先行5街区地権者、その他地権者、町内会、商店会等＋区
		デザインワークショップ	地権者、学識経験者、事業者（品川：オブザーバー）	デザインワークショップ	地権者、学識経験者、事業者（品川：オブザーバー）
	◆晴海地区	晴海をよくする会	地権者会員企業（設立当初8社）	㈱晴海アイランド	地区内企業、外部企業、都市公団、都、区、住民
		まちづくり協議会	晴海をよくする会＋都、区、住民		
	一丁目	再開発組合	街区内の地権者、都市公団	㈱晴海コーポレーション	街区内地権者、東京電力等
成熟市街地型	◆大丸有地区	再開発推進協議会	企業86社（地区内企業の88.7%）	NPO法人大丸有エリアマネジメント協会	地権者、関連企業、就業者
		まちづくり懇談会	協議会＋JR東日本、都	丸の内美化協会	地権者41社
				スーパーネット	三菱地所、NTT-ME、NTT-X
				ダイレクトアクセス	三菱地所、丸紅
	◆高松丸亀町商店街A街区	高松丸亀町まちづくり㈱	地権者 テナント企業	高松丸亀町まちづくり㈱	地権者 テナント企業

資料：小林重敬他「エリアマネジメント～地区組織による計画と管理運営～」（学生出版社　2005年4月）に価値総研が一部加筆

の継承性・一元的権限等についてはいずれも不十分といわれています。たとえば、建築協定は多くの計画的開発地で締結されていますが、10年後の見直し時期には、多くの地区で撤廃してしまいます。これは厳しい決まりごとは、建替えや土地処分の際に自由度がないという制約と考えているからです。また、地区計画は都市計画決定され、継承性はありますが、建築ガイド等の細かいルールや維持管理面での内容は規定できません。

これらも念頭に置いて、**資産価値を維持・向上できる仕組みやマネジメント組織が求められています**。

2　わが国の戸建住宅地エリアマネジメントの事例

わが国では、英国でハワードが田園都市を提唱し、レッチワース等で実現してから数年後にはそれを導入すべく、田園都市の研究をしていました。東京圏や関西圏の鉄道沿線の大規模な住宅地などはその影響を強く受けて開発されましたが、開発の計画論等は導入して、類似の形態の開発はされましたが、住宅地の経営という肝心な考え方は導入できませんでした。その結果が、現状の郊外住宅地の荒廃の大きな理由の一つになっています。

その中でも、開発規模の大小を問わず、住宅地の経営面を重視した好事例が各地で見られます（図表５－５参照）。

図表5－5 戸建て住宅地でのエリアマネジメントの事例

名称	所在地	組織名	組織形態	特徴
マークスプリングス	横浜市	マークスプリング団地管理組合法人	団地管理組合法人	集合住宅・戸建住宅の一元的管理体制共用施設を保有・管理 建築協定締結
照葉のまち	福岡市	照葉まちづくり協会(TCA)	任意団体	団地管理組合・地区別自治会と連携 建築協定・緑化協定締結
緑園都市	相模原市	緑園都市コミュニティ協会：RCA（Ryokuen-Toshi Community Association）	任意団体	会員は緑園住宅地居住者、店舗、大学、特別会員（相鉄G） ラドバーン協会と提携
八王子みなみ野シティ・コンサージュ	八王子市	「八王子みなみ野シティ・コンサージュ」管理組合	任意団体	フットパス部分の所有権取得のため、地方自治法に基づく地縁団体に移行を検討中
披露山庭園住宅地	逗子市	披露山庭園住宅団地管理組合法人	団地管理組合法人	戸建住宅のみ 建築協定委員会 環境コンサルタント制度 共有地と空地の管理
ユーカリが丘	佐倉市	ユーカリが丘自治会協議会（住民）とデベ管理会社との連携	任意団体とデベ管理会社	事業者主導の住民・行政・ディベロッパーが三位一体となった街の成長管理を目指すタウンマネジメント・システム「循環型地域経済システム」
ガーデンシティ舞多聞（神戸学園南地）	神戸市	都市再生機構：舞多聞倶楽部等「ガーデンシティ舞多聞連絡調整会議」（都市再生機構と神戸芸術工科大学の連絡調整会議）	任意団体	都市再生機構と大学との協働による「みついけ役員会」（「協定運営委員会」「地中化運営委員会」）の設立と全体のエリアマネジメントへの取り組み
荻浦ガーデンサバーブ	福岡県糸島市	荻浦住宅地経営管理協会		資産価値の維持・向上のために共有財産を所有・管理 事業者（土地所有者）が支援

たとえば、緑園都市（相模鉄道いずみ野線緑園都市駅を中心とした開発総面積1,221,003㎡、計画人口18,000名、計画戸数4738戸：区画整理事業方式）では、街づくりの基本テーマを「人間性を追及した豊かな街づくり」として、幹線および準幹線道路には電柱の地中化、住宅地内は安全を確保するためにクルト

ザック（袋小路）やループターン（輪状の道路）が採用されています。緑豊かな住環境に恵まれた緑園の街全体を共有財産として捉え、いつまでも住みよい街として維持管理するために、地権者、物件購入者、開発業者が一体となって、旧来の自治会組織とは別に、日本では始めて住民主体のまちづくり組織・緑園都市コミュニテイ協会が設立（1987年４月）されました。設立に際しては、アメリカの住宅地であるラドバーンの管理運営組織（ラドバーン協会：RA）を参考とし、姉妹住宅地提携をしています。

また小規模ですが、資産価値の維持・向上を目指した新たな取り組みとして、福岡県での「荻浦ガーデンサバーブ」が、今後の住宅地におけるエリアマネジメントの在り方を示唆するものとして特筆できると思います。

下記にその概要をまとめてみました。

◆荻浦ガーデンサバーブ

当該地区は、従来の開発地区とは一線を画しており、福岡市の通勤圏にありながら豊かな自然を享受できる立地を活かして、コミュニティを大事にした持続性のある暮らしをコンセプトにしています。そして、これを実現するために、ビオトープを設えた自然環境を再現し、地下貯水タンク・雨水浸透舗装、コモンスペース、家庭菜園、リビングポーチ等を配したランドデザインとしています。

さらに、リーズナブル住宅を実現するために、高品質な住宅を実現するために、英国式リースホールド（99年定期借地権の設定）方式を採用し、住宅はアタッチドハウス（連続した独立住宅：タウンハウス）としています。

そして何よりも特筆すべきは、住宅地の資産価値の維持・向上を図るためのマネジメントに力を入れていることです。

荻浦ガーデンサバーブの外観

出所：㈱大建

「あそこに住みたい！」と言われるような「憧れの街」をつくるための住宅地経営を目指して、住宅所有者及び賃借人で組織する荻浦住宅地経営管理協会（荻浦ＨＯＡ）を設営して、住宅資産価値の維持向上を目指し、共有財産（太陽発電設備やコモンハウス等の共有の財産）を所有・管理し、住宅地の環境を維持管理しています（図表５－６参照）。

また事業主（土地所有者）は、支援機関としてこのHOAを専門家としてサポートしていますので、住宅所有者・居住者・事業者の３者が相互に協力し合った三位一体的なマネジメント体制となっています。

住宅地の資産価値創造の条件は、次の３つにあると考えます。

①マスタープラン
②住宅地のルール（CC&Rs＋建築指針（アーキテクチュアルガイドライン））
③住宅地の経営運営主体（住宅地経営管理組織）

荻浦ガーデンサバーブは、これらを十分に咀嚼しているように思います。

日本の住宅地の協定のほとんどには罰則規定がありませんし、あっても実行されることは稀です。マンションの管理組合において管理費の滞納が各所で問題になっていますが、本来は区分所有法59条で総会の決議に基づいて、共同の利益違反者に対する措置として、滞納者が所有する区分の競売を申し立てることが可能ですし、そこまでしなくても（1）銀行口座の差し押さえ（2）家賃収入の差し押さえ（3）給与所得の差し押さえ（4）不動産の差し押さえも可能です。もちろん、そこまでしないで済めば、そのほうがいいでしょうから、滞納や規約違反が起こらないような手立てを普段から取っておくことが重要です。

本地区では、規約の第７条（HOAの権限）において、勧告のうえ、代執行や先取特権実行等を行うとしていますが、同時に、違反行為が起こらないように、居住者間の日常的なコミュ

図表5－6　荻浦ガーデンサバーブの概要

名称	荻浦ガーデンサバーブ
所在地	福岡県糸島市荻浦 575-1
開発面積	2,699.18㎡
総戸数	19 戸（1戸はコモンスペース）
用途地域	第一種住居地域
建ペイ率	60%
容積率	200%
建築物の構造	地下 1 階付木造 2 階建　連続独立住宅
建築面積	46.26㎡
土地権利	最大 99 年の定期借地権
保証金	60,000 円
借地料	月額 10,000 円（平均）（駐車場 1 台分込）
管理共益費	月額 6,000 円
修繕積立金	月額 9,000 円（平均）
HOA 入会金	50,000 円（初回のみ）

出所：㈱大建

図表5－7　荻浦ガーデンサバーブのプラン

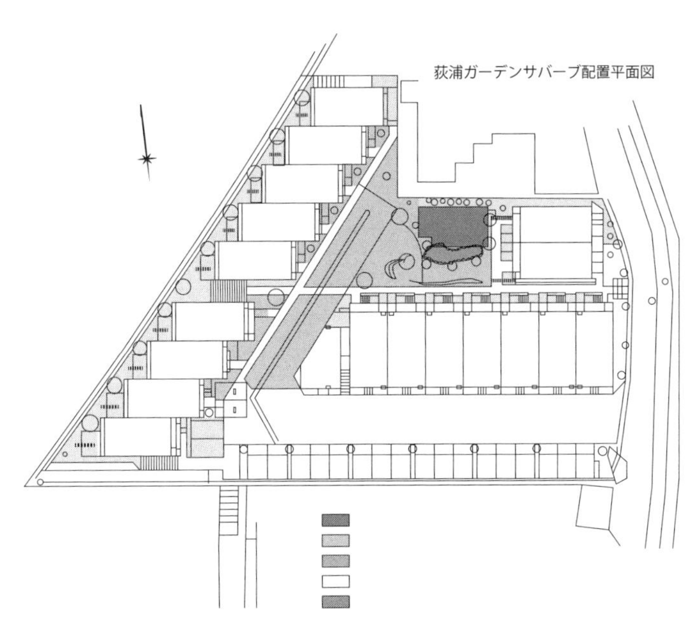

出所：㈱大建　　　http://oginoura.com/information/

ニティの醸成に力を入れています。コミュニティ形成はどこでも提唱されていますが、目的とその方法を明確にしている地区は少ないものです。ことばだけのコミュニティはあまり意味がありませんが、本地区ではそのことを十分理解されているようです。すなわち、建物の維持管理だけではなく、良好なコミュニティ自体が住環境を支え、その「憧れの町」というコミュニティを目的に本地区に入居することを目指しています。

本地区は戸数18戸という極めて小さい住宅地ですが、ここで行われている資産化の取り組みは規模にかかわらず大いに参考になると思います。

図表5－8　荻浦ガーデンサバーブのエリアマネジメント

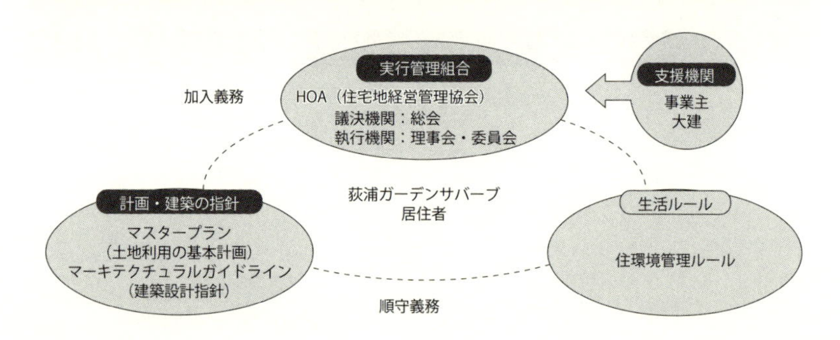

（ＨＯＡの権限）
第７条
３．本住宅地の住宅所有者及び居住者が義務を履行しない場合、または、制限や禁止行為を行ったと荻浦ＨＯＡが認めた場合、期間を定めて適正な状態への是正を勧告する。
４．適正な状態へ是正されない場合は、荻浦ＨＯＡの権限によって、その原因を取り除くために執行を代行し、罰金として代執行費用の３倍額を請求する。
５．前項の指示や罰金を履行しない違反者には、荻浦ＨＯＡは、福岡地方裁判所への訴訟によって、第１条９項に定める先取特権、質権その他法的に行使できる権利をもってその権限を実行する。違反者が敗訴した場合には、裁判に要する費用及び荻浦ＨＯＡの訴訟のための弁護士費用も負担するものとする。

出典：㈱大建

5 住宅政策から都市政策へ —郊外再生を含むコンパクトシティ政策へ

1　中心部と郊外との一体的な都市づくり　魅力あるコンパクトシティ

戦後の住宅政策の目標が、住宅の資産化を目指していかなかった**経緯は前述しましたが、今後、住宅を資産とすることを政策目標とした際には、住宅政策と都市政策とは一体不可分の政策として取り組む必要があります。**

このことは、住宅は単体だけを対象にしていたのでは資産化できないように、都市も市街地の集約や、インフラ整備等だけでは不十分です。資産価値のある住宅が立地することが都市空間自体の価値を向上させ、都市空間の魅力が上がれば住宅の資産価値も向上するということを意味しています。

都市政策としては、これまでのスプロールした市街地では、インフラ整備の維持管理が困難となり、空き地等が多々発生し、高齢者の生活利便性にも支障が出るとの考えのもとに、基本的にはコンパクトシティ政策をとり始めています。「コンパクトシティ」とは、元々城壁に囲まれていた都市構造が、車社会により市街地が郊外化したことでの弊害を解決するための概念として、ヨーロッパ諸都市で提唱されました。都市的土地利用の郊外化の抑制と中心部の活性化を図るものです。米国では中心部の荒廃により郊外化しましたので、あまり、コンパクトシティという概念は浸透していませんが、従来の低密度の郊外住宅地を、より近隣住区的な考え方により取り組むとともに、改めて、中心部の再生にも注力し始めています。

日本では、コンパクトシティの概念は実は数十年前から話題になっていましたが、近年の人口減少の顕在化や、財政難等を背景に都市機能を集約して効率化を図るべく再登場し、これを実現するための「立地適正化計画」の策定が行わています。

実態として都市構造は簡単には変えられませんが、LRT（Lite Rail Transit）の導入等の工夫がされつつあり、それぞれの都市で特徴ある取り組みが始まっています。

たとえば、宇都宮市では「ネットワーク型コンパクトシティ」の拠点形成等を推進するため、都市全体を見渡した観点から、主に市街化区域を対象にした「立地適正化計画」と、郊外部の「市街化調整区域の整備及び保全の方針」の作成を一体的に進めていますし、念願のLRT（次世代型路面電車）の導入も決まりました（2022年開通を目指して2018年3月に起工式）。富山市では、既存鉄道も活用しながら最新のLRTを導入して駅中心の市街地への再編を講じています。青森市は、もっとも早くコンパクトシティ政策を標榜し、主要施設と既存百貨店やその間の商店街との連携等を図り、人の流れを変えて再編していこうとしました。しかし、残念ながら拠点となるべき中心部の核的な再開発施設（アウガ）の運営が破綻してしまい、現在、再構築中です。

このような政策において、**都市全体が魅力ある空間となること**が重要です。そのポイントは住宅と類似しています。「**都市**

の機能」「**都市の性能**」「**都市のデザイン**」の３つの観点が重要です。都市の機能・性能については、インフラ整備や安全性等であり、これらはそれぞれの都市でさまざまな取り組みが行われつつありますが、都市のデザインについては、これからの大きな課題であり、都市の魅力は、永続的に定評を得られる街並み等の都市空間のデザインの形成がポイントです。

アーバンデザインは、近年どの都市でもうたわれていますが、真のデザインに有効なものはあまりありません。景観の阻害となっている広告等ですら、十分規制できない状況ですし、現行の高さ規制、地区における景観軸の形成、色彩の大ざっぱな規制等では、本来のデザインは作ることができません。少なくとも**街並みを形成する建物のファザードに対して直接的にコミットするガイドライン**などが、不可欠だと思われます。

2　これからの都市のコンセプト例

①アグリカルチュラル・アーバニズム

人口・世帯数が減少するなかで、中心部に必要な機能を効率的に配置する等の政策は必要ですが、同時に郊外地域の再生を図らなければ都市全体の魅力が高まらず、都市空間の資産としての価値を作り出すことはできません。

現状の政策では、郊外の一戸建て地区を中心に増加している空き家・空き地等が放置され、耕作放棄地はそのまま使われない状態となってしまいます。さらに中心部に諸機能が集約されるとなると、郊外地域はさらに荒廃してしまいますので、有り余る土地をうまく使いながら、郊外地域を再生することが重要です。言うまでもなく、**中心部と郊外地域が一体となって、初めて都市全体としての価値創造が可能**となります。

かつて、ドイツのクラインガルテンやロシアのダーチェが話題になりましたが、当時は宅地需要が急増していて、空間的にはその余裕がありませんでした。

ドイツでは、産業革命（1814年）時代の荒廃した社会から子どもを守る社会運動であり、戦時中は食料調達の意味もありましたが、その後は花木を楽しむ庭園でもあり、家庭菜園でもあり、市民に不可欠な空間として、現在でもドイツ各地で整備されています。

フライブルクでも大規模なクラインガルテンで多くの市民が憩いの場としてきちんと耕作し楽しんでいます。

日本でも、家庭菜園や市民農園は広く普及しています。1坪

フライブルク市内（ドイツ）のクラインガルテン

出典：筆者

程度を近隣の農家から借りて休日に楽しむレベルから、会員制で大規模な農園を経営しているレベルまで多彩ですが、概して、自ら汗を流して熱心に取り組む感じはあまりありません。

そのなかでも、2001年4月には、宿泊施設やクラブハウス等が併設された関東地区初の本格的な滞在型市民農園「笠間クラインガルテン」がオープンしました。“農芸と陶芸のハーモニー”をテーマとする新たなライフスタイルの提案です。このような類も全国的に増えつつあります。

現在、土地は十分あります。点在しているものからまとまった耕作放棄地、未利用地等まで、いろいろとあります。

コンパクトシティの概念から、郊外のあり方があまり議論されないままでいますが、その答えの一つがアグリカルチュラル・アーバニズム（Agricultural Urbanism）です。

かつてのハワードのガーデンシティ理論は、「都市の共同と農村の自然」という都市と農村の持つ優れた側面が融合した都市デザインを意味していました。それを具現化することは難しい面がありましたが、100年を経て、日本の事情に応じた都市と農村（農業）との融和した新たな生活空間の構築は取り組むべきテーマの一つと位置づけられます。

国土レベルでは、全国総合計画の時代から山林と農地と都市とは縦割り的に別々に計画が立てられ事業化されてきました。宅地需要の急増時代には、土地の取り合いにもなりましたが、今や農地は荒廃し、山林も管理に苦慮しています。

全国総合計画の立役者である下河辺氏は退官後に改めて、「これからは農業を改めて重視して、都市と共に計画していかないといけない」と強調していました。

アグリカルチュラル・アーバニズムとは、**新しい都市と農業との関係を反映した「農業一体化都市づくり」**を意味しています。

社会の多面的な視点から農業と都市との融合が求められており、産業面でも国土計画・居住面でも今後の大きな潮流となると思われます。

i）自由時間都市におけるデュアルモードライフ

ii）農業革新と食料の自給

iii）新たな都市・国土構造

身近に食料を生産し、生産することを楽しみ、生産の場である農地を多様な形態で都市に組み入れて、**新たな農業生産・農地経営と人口減少時代の都市づくりとを併せ持った、空間整備・空間経営のコンセプトとして捉えていこうということ**が重要だと思われます。

②CCRC（Continuing Care Retirement Community）から CCNC（Continuing Care Neighborhood Community）へ

CCRCは、米国（サンシティ（アリゾナ州）等が知られています）で普及している高齢者コミュニティであり、民間事業者により、独自の事業方針のもとに経営されています。これを参考にして、わが国では日本型CCRC＊として全国各地に数十地区で構想があります。日本型では、主に行政が責任を持ち（「生涯活躍のまち」構想（最終報告）にて、「地方自治体が責任をもって行う「まちづくり」として取り組む事業」と位置付け)、多世代コミュニティや大学等との連携が重視されています。また、①高齢者の希望の実現、②地方へのひとの流れの推進、③東京圏の高齢化問題への対応の３つの視点を有しており、地方創生の施策としても位置付けられていることもあり、米国に比べて公的色彩が強い面があります。

*：「介護が必要な時には継続的なケアを受けることができるような地域づくり」を目指すものである。（平成27年：日本版 CCRC 構想有識者会議）

日本では、超高齢社会ということもあり、健常な高齢者のみのコミュニティではなく、要介護等の状況の変化にも対応した多様な機能・施設が既存市街地を含めて整備・連携していることが不可欠だと思います。

新たな魅力ある地方のコミュニティがあれば、高齢者だけではなく、現役世代も大都市圏から移住（転職も含めて）してくるでしょう。ある意味、都市全体の魅力を高めることに他なりませんが、そのきっかけとして**健常な高齢者への新たなライフスタイルを実践できるコミュニティ形成は有用だ**と思われます。

6 木造の活用と新ＲＣ造導入へ

1 材木と木造建築

物理的な耐用年数ではなく、利用価値としての長寿命化、そして環境への配慮が重要であることは言うまでもありません。大きな買い物を一世代で破壊してしまうことは無駄であり、環境への負荷も大きいため、できるだけ大事に使うことが重要ですし、大事に使えるモノであることが必要です。

その意味では、日本の建築の構造が、主に木造によることは、国内の森林の保護そして環境負荷低減のためにも有効です。森林は二酸化炭素の大きな吸収源であり、多くの二酸化炭素を固定しますが、概ね50年を経ると二酸化炭素の吸収と排出が同じとなります。このため、森林は常に若い状態を維持することが重要であり、50年以上の木々は伐採して、植林を行うことが不可欠です。その際には当然伐採した木々を焼却するのではなく、材木として活用することにより、二酸化炭素を固定状態にすることが必要であり、さらに、そうして創られた住宅を長寿命化することは重要です。

日本では数百年にわたり、森林を保全し、主たる材であった材木を植林により育成・生産してきました。

しかし第二次世界大戦の前では、軍需の増大により全国的に大量伐採され、そのうえ、戦後の戦災により、焼失による膨大な住宅需要のために木材の創出が喫緊の課題となりました。そのため、全国的に育成の早い杉を中心に、造林臨時措置法（1950年）に基づいて大規模な植林が行われました。当時も林業関係者からは、一律的な杉の植林には異議があったようですが、住宅を必要とする声には抗しがたい状況でした。しかし、早生とは言え伐採までには30～40年はかかりますので、当面は国内材で使える量は極めて少なくなってしまいましたので、並行して、輸入解禁をして外材の輸入も行われました。当時は輸入材のほうが高価格でしたが、変動為替制導入以後は、低廉で大量な材木が輸入されるようになり、国内材は劣後することになり、森林の管理もおろそかになってしまいました。

また日本の材木市場は、山持ちの力が強く、原木がセリにより取引されていましたし、乾燥状況も十分ではなく、規格にあった大量の材を供給するには不十分な状況でしたので、外材は低廉な価格も背景に市場を席捲してきました。

ただ、木造とはいえ伝統的な仕口、継手等の構造材の木組みによる構造工法は使うべくもなく、構造金物を使い、鉄筋を筋違いに使い補強（長期的には木構造が撓み、緩んでしまう）する工法が、在来軸組工法として普及してきました。

このような経過を踏まえて、ようやく、計画的に伐採して大量の成木が市場に出せるようになってきましたので、林業的には**伐採から製材までを合理的な体制で取り組めば、自立可能な環境になったといえます**。そこで住宅はもちろん、他の用途においても、これら木材を積極的に使用することは時宜を得ています。

木のぬくもり等の肌ざわりはもちろん、大口径の柱による本格的な軸組工法や部材として２×４工法や集成材等による新たな工法等として活用することも、さらに行うべきかと思われます。

2 RC工法の再考

ロンドンでは大火の後には完全な不燃化都市を目指して、それまでの**木造の都市をレンガ造の不燃都市に変貌**させました。

木材は集成材も含めて、十分な強度があり、耐火性能も思う以上に高いため、在来軸組み工法はもちろん2×4工法も有効です。しかし、在来軸組み工法では材が細く、耐震性能や気密性等については十分とはいえず、また、戦後の簡易的な工法が依然として残り、本来の良さを発揮できていません。2×4工法は米国から導入されましたが、メーカー別に異なる等、日本独自の工法となってしまい、本来の標準化ができていません。集成材は部材としては、性能が高く良いものができていますが、一部のメーカーによる利用に止まっています。廉価で信頼ができるものにするためには、工法や部材、製品の標準化が不可欠であり、これら木材による複数の工法において、それぞれ標準化が確立されれば広く活用可能です。

一方で、RC造は一般住宅にはほとんど使われてきていません。これは価格面で木造と太刀打ちできないことが最大の理由でありましたが、性能・機能面、特に耐震性、耐火性、機密性は、木造に比肩できないレベルであり、近年ではコストも低減されています。また、コンクリート自体は、日本中に無尽蔵にある石灰という実質的に自然材でもあり、より活用されて良いと思います。

木造密集地域や駅前商業地域では、防火地域であることが多いために耐火建築物であることが要求されます。国の認定を受ければ、一定の建築物に対して木造軸組工法による1時間耐火建造物の建設が可能となりましたので、今後の活用が期待されますが、通常の木造建築物に比べればコストが高くなります。

これまでは耐火性能面からはRC造等が適していましたが、コストの面でなかなか活用されて来ませんでしたが、コスト面で低廉で使いやすい新たなRC工法があれば、その活用が望まれます。

現時点では、たとえば、「**無足場両断熱RC工法**」があります。この新工法は、従来のRC工法に比べると、無足場、型枠無、両断熱そして工期短縮というメリットがあり、コスト面でも優位なものです。

無足場ですので、駅前商業地域や密集市街地の稠密な市街地での工事が容易であり、壁の内外に断熱材が型枠になっているため、コンクリート充填後はそのまま養生すれば良く、型枠を外す手間が不要です。また、**現場を工場化するという精度の高さ・効率化が図られ、熟練者は不要であるため、多能工により工程・工種が大幅に削減されて、工期・コストの短縮が可能**です。コスト的にはハウスメーカーと一般工務店の木造の中間程度に収まります。

改めて、この新たなRC工法の特徴をまとめると、下記のとおりです。

・高機能・高性能：RC工法の優位性であり、さらに、流動性が高い高強度コンクリートの利用による高水準を実現
・建物の外側を両断熱材で覆うことによりパッシブ型の魔法瓶型の居住空間を実現
・無足場であるため狭小宅地での工事を実現
・多能工による、労務者の省力化を実現（人手不足が解消しないなかで有効）
・スケルトン型として、インフィルをライフスタイルの変更に伴う容易な対応を実現
・モジュール化された高精度で合意的な現場（現場の工場化）を実現

図表５－９　鉄筋コンクリートと高性能断熱材が組み合わさった無足場両断熱 RC 工法

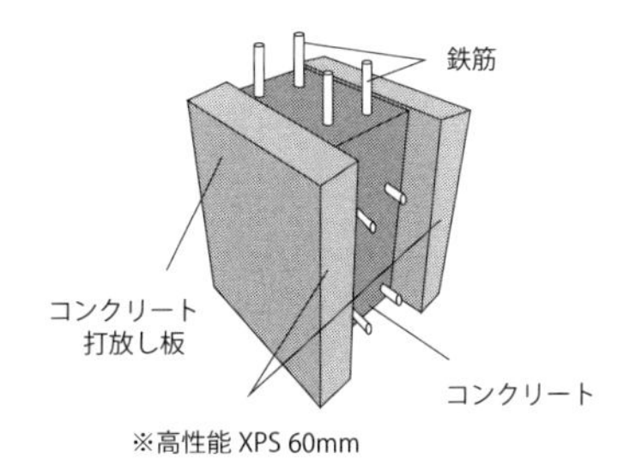

・内外の高性能断熱材で室内湿度を一定に保ち、僅かなエネルギーで快適に過ごせる超省エネ空間

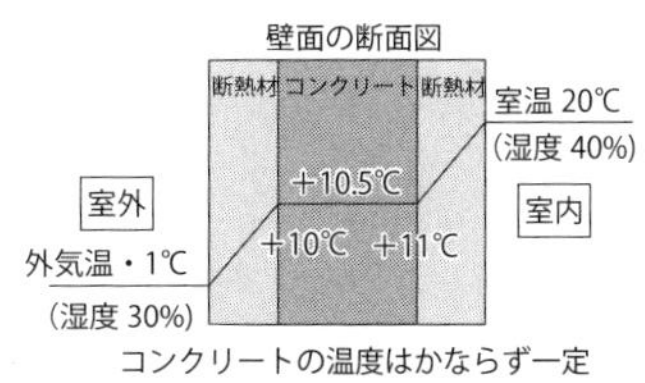

コンクリートの温度はかならず一定
戸外と室内の温度差は 21℃です

ポイント 1	ポイント 2	ポイント 3	ポイント 4
超省エネルギー建築物	足場不要 コンクリート型枠不要	土地有効活用	資材廃棄物削減
●高性能断熱材で鉄筋コンクリートをサンドイッチ２層２重の特殊な構造体 ●外断熱＋内断熱で外気温の影響を受けず、１年中一定の室温が保てる ●内外に断熱材がある為、室内の壁結露無し	●コンクリート打設で必ず必要だった型枠が不要 ●型枠不要の為、ローコストを実現 ●型枠工事にかかる工期短縮	●隣地との隙間を無足場工法で建設可能 ●狭い敷地でも有効に活用が可能 ●足場設置が無い為、コストも削減 ※建築基準法上、都市計画等で制限が無い場合は、他の基準を満たしていれば敷地ぎりぎりまで建設しても問題はありません。	●ゴミになる型枠ベニヤ等の建築資材の削減 ●資材廃棄物運搬費、処分費の削減 ●資材焼却で発生する CO_2 削減による環境配慮

出典：㈱無足場両断熱 RC 工法のパンフレット

7 工法や部材の標準化と住宅建設業の適正な経営管理

合理的な経営により、住宅価格の低減や工務店・建設業の収益性を高めることが重要ですし、これを全国的に広めるには米国の「全米ホームビルダーズ協会」（NAHB：National Association of Home Builders）のように、**地場の建設業者から構成される全国組織の業界団体が主導すること**が望まれます。

1 標準化

昔の在来からの軸組工法は、地域の差はあるものの柱や戸、畳等の寸法はほぼ統一されていました。しかし、特に戦後の大量供給時代には、新たな工法の出現や購入者のニーズも多様になり、また、木材自体の供給体制が混乱してきたことなどから、部材や工法がバラバラになってしまいました。

窓一つとっても、さまざまな仕様・材料のサッシがありますし、海外から部材を輸入する際には、それを元に設計せざるを得ません。

工法についても、より耐震性が強く、木材の有効利用、施工の効率性等から２×４工法等が導入されましたが、実際は大手のハウスメーカーが独自に開発を進めており、メーカー数だけ工法があります。中には海外のものより改良されているものもあるかもしれませんし、さらに、免振技術等の新技術が研究開発されていますが、メーカー内に限られているためコストの低下には疑問がありますし、一般の工務店では使えません。

部材や工法が標準化されることにより、改良等が集中的に行われますし、何より、数十年後にも、同じ寸法の部材等が低価格で簡便に入手可能となります。

設計も標準化されますし、工期も短縮され、価格も低減すると考えられます。

後述するホームプランも同様です。建設費の中で設計料は10数%におよびますが、建設業者からは顧客に設計料として請求しにくいため、建築費に含まれていることが多いのが、現状です。効率的に制度の高い施工をするにも、元の設計図書がきちんと作成されていることが条件です。ホームプラン集の活用は、ある意味、設計図書の標準化でもあります。定評を得たデザインの住宅の設計図書（外観、プラン、見積もり等）が活用できれば、設計図書作成の負担が大幅に簡略されるとともに、顧客との設計に関する時間も短縮されます。

近年では部材や設備関連の企業が集約する方向に動いており、結果的に製品の数が少なくなれば、標準化と類似した方向に動くことにはなりますが、やはり、**本格的な部材・工法等の標準化が必要**とされます。

2　建設業経営マネジメント(CM)の徹底

1970、80年代に海外の枠組壁工法（2×４工法等）の導入が検討され、日本の建築基準法体系にも反映され、一時、輸入住宅への取り組みが行われました。しかし、全く同じものを日本で建設（組み立てる）すると、同じコストではできませんでした。個々の技術や施工精度については全く遜色はなく、むしろ、水準は高いのですが、全体の建設効率が悪かったのです。

これは、まさに建設業経営管理（CM：コンストラクションマネジメント）ができていなかったことに起因します。個々の事業者は、それまでの長い間の習慣となっており、一朝一夕には改善することは極めて難しいのが実態ですが、なかには**積極的にCMを取り入れようとする事業者もあり、少しずつですが、これらに対してCMを指導する企業等も出てきており、今後の普及が期待されます。**

今後、人材不足はますます厳しくなると思われますので、現場の工場化も含めて、効率的・合理的な建設方策が不可欠となりますし、これができない事業者は取り残されていくと思われます。

CMがきちんとなされれば、個々の建設業者の効率が上がり、年間の施工量が増加することになり、結果として収益率が高まり、個々の職人たちも高収入を実現できるはずです。

また、特に大手のハウスメーカーは、営業費（研究開発費も大きい）の比率が極めて高くなっています。全国ベースでの知名度を上げるための宣伝費は膨大な金額になりますし、直接的な営業の場である住宅展示場の運営コストも、無視できません。住宅展示場は、日本に独特なもので他国では見られません。顧客サイドとしては、実物を見られる意味ではカタログよりは現実味があり、他のメーカーとの比較もできるので購入する際の大きな判断材料となるかもしれません。しかし、展示場の住宅は最も高価なものであり、高級家具も含めて、実際に購入しようとする住宅とは、かなり乖離があります。

近年では、そのことがわかるようになってきたことや、くどい営業が煩わしいとの理由等で展示場の営業的効果も減少しているようです。

やはり、資産化できる住宅をホームプランで選択することを前提として、よりリアリティを求める顧客には、VR（バーシャル・リアリティ）技術を駆使して、外観や内装の変更等が見られるようにすればより効果的だと思われます。

NAHBのような地場企業の全国ベースの業界団体等が、主導的にこのような経営改善手法を教育･普及させることにより、安心して地場の建設業者に住宅建設を依頼することができるようになると思います。

すでに、地場の建設業の力はなくなりつつあるとはいわれていますが、これからでも遅くはないと思いますし、**効率的・合理的な経営が実現すれば、外国人や女性等これまでに参入してこなかった有能な人材を集めることが可能**になることも期待できます。

8 ホームプラン集の作成

1 従来の住宅の選択方法

ハウスメーカーごとに異なり、しかも毎年変わるようなプランでは、いつまで経っても普遍的な評価を得られるデザインは生まれません。

住宅を取得する場合は、「建売住宅」かハウスメーカーや工務店のカタログ（企画住宅）から選ぶ、あるいは独自に設計する（いわゆる「注文住宅」）等です。

「建売住宅」は、すでに建築された実物を見て選ぶことになりますが、ファッション界でのプレタポルテ*1に該当します。用意された住宅から顧客が選択する意味では同様ですが、プレタポルテは既成品とはいえ、一定の水準を確保すべく、従来の粗悪品を指す「コンフェクション」と区別するものです。服飾は償却財ですが、それでも高い価値を維持するための努力をしています。これらを着用すれば、その年の流行を享受することはできますが、来年には別の流行が出てきます。服装はこの繰り返しですが、これで良いのです。

建売住宅等のデザインは、各メーカー等によるその時代に売れ筋と思われるものです。顧客は、カタログで仕様や外観等を見るとともに、中堅・大手ハウスメーカーによる時代の流行的なモデルを建てた住宅展示場において、実物らしきものを見て判断します。しかし、展示場の建物は、かなりコストをかけた最上級レベルのものであり、実際に建てる住宅とは異なる場合が多いものです。もちろん、宣伝ツールですので、良く見せるのはある意味、仕方がありません。またそのモデル住宅が、一定の評価を得られているデザインのものであれば良いのですが、実際は一定の定評のあるスタイルでもなく、また、個々の購入者の要望（注文）をかなり反映することにしています。これは多くの場合、資産価値形成にはマイナスですが、購入者にとっては、信頼できる基本形にさらに個々の要望が反映されるということで満足感を得てしまいます。しかし、これは見掛け上、その時だけの満足感であり、要望の反映は中途半端であり、将来の資産としての価値はほとんどありません。住宅は明らかに償却財ではないにもかかわらず、ファッション業界に比べても、業界として、その価値の創造そして維持への配慮が足りていません。

一方、いわゆる注文住宅はどうでしょうか？　著名建築家に依頼すれば、ファッション界でのオートクチュール[*2]に該当するかもしれません。洋服は顧客の着用機会に応じた嗜好品であれば必要十分であり、将来的に売却することもなく、既成品なら10万円で買える物を100万円かけても構わないものです。住宅もその意味では資産としてではなく嗜好品として割り切れば、あり得ます。細かい、面倒な要望に応え、十分な時間をかけて作られれば、多少、機能・性能に問題があっても、満足度は高くなるかもしれません。もちろん、将来的には誰も買うことはありません（著名な建築家も自ら設計した家に住み続けることは少ない)。一般の注文住宅も基本的には同じですが、全体としては、設計能力は低く、割高になっているものが多いといえます。

*1：プレタポルテ（prêt à porter）は高級既製服と言われ、オートクチュールのオリジナルのデザインを大量生産向けに改作し、自家工場や、その独占権を買った既製服メーカーで生産したもの。

*2：オートクチュール (Haute couture) は個々の顧客ニーズに応じた一点物の高級服。パリのオートクチュール・コレクションへの参加規定を満たしているパリ・オートクチュール組合 (通称「シャンブル・サンディカ」) 加盟店で作る洋服のみ。

2　ホームプランに「注文住宅」

以上のように、これまでの住宅の取得は、いずれも資産を購入するものとしては不十分です。

「注文住宅」とは本来は、でき上がりが明確な住宅の設計メニューから選ぶ、そこから注文するという意味です。その意味では、メーカーや工務店のカタログから選ぶことに類似していますが、問題は掲載されている設計の内容です。カタログは毎年異なるでしょうし、設計図書はありませんし、正確な見積りもありません。その年の流行りのデザインをベースに、顧客の要望を反映できるかのような内装のオプションが付いています。しかし、それらを選んでも将来、資産となるものはほとんどありません。

住宅は、永続的に普遍的評価を得られて初めて資産価値を有するものであるため、住宅としての定評を得られるスタイルに基づいた共通的プランを確立することが最も重要であり、それを顧客が容易に選択できるようにすることが重要です。

そのためには、米国のように、**定評を得られるスタイルにもとづいた住宅タイプを標準的なホームプラン集として集約し、これらから選択するようなシステムが不可欠**です。

基本となる住宅のスタイルは、いくつかに集約されたうえで、さらに細部は多様なデザイン・装飾を付加して特徴・個性を表します。これにより、数少ない洗練されたスタイルにおいて多様で個性あるデザインを表現できます。

このようなプラン集があれば、住宅設計における膨大な時間とコストを大幅に削減することが可能となります。

さらに多様な住宅プランにおいても、共通化された工法や標準化された内外装の部材の使用によるため、どの工務店でも施工が可能となりますし、費用も施行期間も短縮されます。

本来はこの洗練された住宅プラン集から、自由に選択することを「注文する」と呼ぶものであり、レストランにおいて長年の定番メニューから料理を注文することと同じことです。

しかしながら、日本の住宅の歴史は長いものの、生活スタイルが大きく変わってきていることなどからも、そこから直接的に上記のような定評を得た洗練されたスタイルが出て来ません。大震災、戦災で何度も破壊され、その都度、短期間での大量供給が求められ、それに応えてきたため、都市におけるスタイルを確立する機会を失ってきた経緯もあります。

それでも、**地方都市においては、地域ならではの一定のスタイルが残されています**。京都の町屋（店舗併用型）等はその代表ですが、他地域とは異なり戦災を受けず、しかも、継続的に使われてきたため、空き家率も比較的少なく、近年ではそれらのリノベーションによる再生が活発化しています。

他の地域では、街並みとして残されているエリアは限定されており、しかも、現代に求められている性能・機能が充足されていないため、これらをそのままスタイルとして利用するには無理があります。ただし、これらの昔ながらの優れたスタイルは、工夫次第で使えると考えています。しかし、数百年の経験を基にスタイルが形成されてきたヨーロッパのようにはいきません。

米国は新しい国ですが、ヨーロッパ出身者によりつくられたため、出身国を中心にヨーロッパのスタイルを導入することが可能でした。

将来にわたり資産としての価値のある住宅を取得するには、それらが掲載された信頼あるプラン集から選択することが最も効率的です。

現在はハウスメーカー、工務店等の個別のカタログから選ぶことが多くなっていますが、それらは毎年変わるものであるため、それらに掲載されているプランは、将来の価値を保証しているものではありません。これらは購入者が個々に設計者に依頼する手間を省くだけのことであり、また、ハウスメーカーの営業の効率化のために使われています。

「一生一度の買い物だから、オーダーメイドの注文住宅を」というキャッチコピーを見かけますが、これは大いに矛盾している表現です。ハウスメーカーは本来、合理的な量産体制、そしてカタログから既製品を選ばせることによりコストダウンすることが優位性でありますが、これではかえってコスト高となってしまいます。

またホームプランは、工務店・建設業者サイドにとっても有用なものです。個々の業者別に定評ある住宅を生み出すことは、極めて難しいものであるため、購入者の支払い能力に応じた合理的な定評を得られている住宅は、共通のものとして受け入れて、それらを各業者が建設するほうが合理的であり、購入者にとっても建設業者にとっても有用なことです。

このホームプラン集による住宅の注文・建設システムの概要は、下記のとおりです。

ホームプランに掲載されているプラン（定評を得られるデザイン）の設計者は、掲載されている設計図書が使われた場合に、一定の報酬を得ることができます。特定の施主相手に固有の設計をした場合は、数百万円レベルの設計料を得られますが、ホームプラン集の場合は数十万円程度です。しかしホームプラン集は、あらゆる工務店や建築業者等が営業に使いますので、良いプランであれば、数百人以上が顧客になる可能性があります。また、毎年替える必要はなく、長い間にわたって使えますので、かなりの収入を継続的に得ることができる可能性があります。

顧客は、わずかな設計料で信頼できる設計図書を購入することが可能となります。もちろん、その設計図書はそのまま使っても良いですが、他の設計者に依頼して必要な修正をすることも可能です。

○ホームプランは、下記の４項目で構成されています。

ｉ）住宅の外観デザイン（意匠）

ⅱ）核居住空間に共通する基本構造、設備及び外観を含めた一時設計

ⅲ）ライフステージごとの住生活に対応した二次設計

ⅳ）各住宅設計に対応する選択可能な仕様と見積書

○ホームプランの意義をまとめると、下記のとおりです。

・地域性等も考慮した複数の標準スタイルに基づいたプランが掲載されている。

・それらは将来においても長期的に定評を得られるデザイン・スタイルを擁している。

・優れた設計を低廉な価格で取得可能であり、部分的な付加が簡便である。

・顧客は低廉な価格で優れた設計が手に入り、設計者は多くの顧客に使われることにより多大な収入を得ることができる。

・工務店・建設業者は設計・見積もり業務が簡便化され、効率的な業務執行が可能となる。

3 ホームプランコンペの実施

①定評を得るスタイルの考え方

それでは、ホームプラン集に掲載するプランは何か？　ということが課題となります。少なくとも、**現時点では、残念ながら、すぐに掲載できるものはほとんどない**と言えるでしょう。わが国の場合は、これから作らなくてはなりません。以前、地域性を反映し、街並みにも配慮した地域住宅計画［HOPE計画］（米国のHOPE Ⅳとは異なる）が全国で策定されて、一定の成果を挙げていましたが、結局、肝心な将来にわたり資産としての価値を保持・熟成させるという視点が欠けていたため、地域ごとに特徴のある住宅や住宅地は作られましたが、持続性はありませんでした。

わが国のスタイルを確立する第一歩として、**普遍的評価を得られるスタイルコンペを実施すること**が必要であり、有効であると考えています。

過去のさまざまな住宅様式は、生活スタイルが当時とは大きく変化しているため、直接的には参考にはならない可能性が高いと思われます。むしろ、近代的都市文化を背景にした欧米のスタイルは、日本に導入可能かと思われます。しかし、部分的な導入にしても簡単ではないため、過去の日本、地域の住宅の良さを現代・将来に向けて反映しつつ、新たなスタイルを構築することが必要ですので、それをこのコンペで見い出すことが目的です。

このコンペの特徴は、**「現時点での評価だけではなく、将来**

でも評価されるか」が選定の視点であることです。すなわち、現時点だけで売れるものではなく、50年後、100年後にも売れる商品としてのスタイルを求めているものです。

先述したように、米国でのＦＨＡ保険の対象の選定基準として、「従来から定評を得ているデザインであること」が重要視されていましたが、米国においては、欧州での長年にわたる蓄積・実績を背景にしているため、将来にわたって評価されるデザインが実際にありました。このため、これを基準として使うことができました。

日本においては、過去の優れた住まいの伝統が現代の住まい方に合わないため、現代そして将来にわたって定評を得られるデザイン・スタイルがないことは事実です。一方で、過去の優れたデザインのコンセプトは、現代にもそして欧米のデザインにも受け入れられ、影響を与えています。

たとえば、「アール・デコ様式」*は、ヨーロッパのスタイルとして日本の建物デザインに大きな影響を与えてきており、日本人の感覚として親和性が高いと考えられます。また、同時にアール・デコ様式の建物自体にも、シンプルな直線により構成された書院造等の空間である日本のデザインの影響が色濃く反映しています。フランクロイドライトの帝国ホテル等はその典型的な作品ですが、最近の超高層ビルの一部には、内装などにかつてのデザインを復活させており、その中にもアール・デコ様式が取り入れられていて、うまく馴染んでいます。

日本においては、これらの過去のデザインコンセプトに基づいた優れた空間を引き継ぎつつ、新たな機能や性能を付加し

た、現代そして将来にわたり評価を得られるデザイン・スタイルを構築することが可能だと思われます。そして、これは、世界にも受け入れられる空間として期待できます。

「書院造り様式」は、畳とともに直線的な無駄のない洗練された様式として導入することは可能であり、この考え方、空間構成を現代に反映させる価値があると思われます。また、日本の気候の特徴を反映して、「夏涼しく冬暖かく」が理想といわれますが、かつては軸組工法、真壁づくりでは断熱・気密性に乏しいため、夏の暑さを凌ぐことを第一義的にせざるを得ませんでしたが、今後は技術的に断熱・気密性等は十分確保可能ですので、実現することができます。

改めて、コンペを実施して今後のデザイン・スタイルを構築する意味は、日本にとっての価値ある空間を創造することとともに、世界的にも一つの価値ある空間として広まる可能性を秘めているからです。

＊ ：19世紀末から20世紀初めにかけて、欧米ではそれまでの芸術様式に対して、新たな様式運動が起こり、「アール・ヌーボー」と「アール・デコ」が出現した。

9 東京スタイルへの取り組み

住宅の財産価値は、「時代を経て評価され定評を得た、普遍的なデザインに依存」し、都市の価値は「それらが一帯の街並みとして形成されるか否かに依存」します。

現状では、このような見方が一般的に十分理解されているとは思えません。日本には良い街並みをうたい文句にしている住宅地等は存在しますが、それらが他の地区と比べて資産価値が十二分に高いことを検証しにくいことも、背景にあります。当初はすぐれた街並みでも、その後の不十分な管理や世代交代の建て替え等により、すっかり様変わりしてしまうことがほとんどです。

これまでは自由に建て替えや改修ができない理由で、建築協定や地区計画へは積極的には賛同を得られにくい状況でしたが、昨今ようやく地区全体でのマネジメントが必要との意識が見られるようになってきました。マンションについては、すでに管理会社への丸投げ志向は弱くなり、購入時にも管理面でのチェックが厳しくなっています。一方で一戸建て住宅の場合は、住宅地全体できちんとマネジメントすべきとの認識が、ようやく広がり始めている段階です。

「変わらない・変えられないデザインに価値がある」ことを基本認識として、どのようなデザインと、どのようなマネジメントが普遍的な評価を得られるかを現実のものとする時期に入っていると思います。

わが国では戦後70年間にわたり、膨大な量の住宅を作り続け、さまざまなデザインが提案されてきましたが、普遍的な価値を有する一定のスタイルの構築への意識はなかったといえます。

東京の街は、一般的には乱雑でおもちゃ箱をひっくりかえした等といわれていますが、一方で、常に新たなモノが生み出され、ダイナミックな街だとのいわれ方もあります。

欧米の長い経験は大いに参考になり、デザインからシステムまで、そのまま導入しても良いぐらいですが、日本ならではのスタイルがあってもいいはずであり、それを東京から発信すべきと思います。

東京においては、都心部にも郊外にも存在する膨大なランダムなストックをいかに変えていくかと考えると、気が遠くなりますが、住宅ニーズは当面は一定量はありますので、その間に何とかスタイルを定着させることが重要であり、可能です。

定評あるデザインは、単に表面的なデザインでは成立せず、設計、工法、モジュール、工程システム、管理の仕方等が一連の関係を持っている総合的なものであり、さらに、東京でのライフスタイルも反映するものですが、このような認識のもとに、**東京での価値ある住宅・街並みづくりを総称として「東京スタイル」**と呼びたいと思います。

「東京スタイル」は、一つのスタイルを指すものでなく、東京の特徴である多様性と先取性を背景に、次の4つのパターンで考えることが重要です。

- **パターンⅠ：歴史の保全によるスタイル**

東京の多様性の背景には、世界に誇れる成熟した江戸文化の名残があります。現代の東京の街の構造は、江戸時代と大きくは変わっていなく、また江戸の遺産を受け継ぎ、都市文化も現代文化より江戸文化のほうがいまだに国際的です。建物は大半が喪失しましたが、それでも、江戸時代からの公園・寺社のみならず、住宅、商家、仕舞屋等が散在しています。近代日本の建物も捨てがたい魅力があり、同潤会を持ち出すまでもなく、築後半世紀を経た構造物は、それなりの雰囲気・価値がありました。ただし、昭和30年代は、昭和のノスタルジアとして一部に人気がありますが、モノとしては貧弱です。いずれにしても半世紀を生き抜いたこと自体を価値として、これらを残すことが重要です。京都の町家は、ようやくその価値が国内外に浸透しつつあり、内部のリノベーション・コンバージョン等により再生しつつありますが、そこまでは至らないにしても、東京でも**特定の地区、建物には、その価値の再評価と利活用に十分な可能性が残されている**と思われます。

- **パターンⅡ：必要な時間をかけてスタイルとしての定評を確立する**

本来的には、**定評を得る価値は時間が決めるため、要は、必要な時間をかける**ということです。ヨーロッパは、数百年かけて街並みを築き、米国そして一部の植民地諸都市はそれらを受け継ぐことにより短期間に構築していると言えます。東京はしがらみが無く、独自の力でやっていけるパワーがあっただけに新しいものに取り組みました。戦後70年もまだわずか70年間にすぎないと考えれば、今後大いに試行錯誤しながら少なくとも100～200年をかけて、東京の価値を模索してもいいかもしれません。それにしても価値あるスタイルとは何かを常に問いかけていることが重要です。

• パターンⅢ：東京スタイルを早期に創出する

東京のエネルギー、継続する新築ニーズ等を考慮すると、今後の世界の大都市のスタイルのひとつとしての「東京スタイル」を早期に確立することを目指す事自体は無謀ではないでしょう。とは言え、膨大な既存ストックがあり、また、この20～30年来の建築物はそれなりのレベルであり、耐久性もあるため簡単には更新できないのも事実です。

「東京スタイル」構築のチャンスの一つは、密集市街地等の既成市街地と計画的住宅地再生での展開と考えられます。密集市街地等の再生は、東京の最大の都市課題であり、今後、一層注力する必要がありますが、その際に、単に基盤整備や防災性の向上のみを目指すのではなく、都市の住まい方、コミュニティ、街並み、居住空間、エリアマネジメントの仕組み等を創生することにより、新たな都市や住宅の価値を創造する姿勢で取り組むことが重要です。

当該地域の整備には、膨大なエネルギーが必要であり、これまで数十年かけても大きな進展がありませんでしたが、それだからこそ、これからは改めて、密集市街地等の過去の負の遺産を新たな「東京スタイル」に転じるために、エネルギーを投入すべきと考えられます。現に東京都においても、密集市街地再生への新たな取り組みが始っています。

既成市街地は立地条件が良好な地区も多くあり、地域の特性も多様であるため、新しい空間を創出する可能性を有しています。一挙に面的に整備することは難しいのですが、一定エリアにおいて、これこそ未来の東京スタイルであると納得するような価値ある空間デザインを形成することができれば、再生モデルとしての波及効果は大きいと期待できます。高齢化した地域ではありますが、むしろ若い世代を対象にし、中低層高密度、徹底した省エネ・情報化等の高次技術を駆使し、将来のコンバージョン・リノベーション対応、さらに国際的にリードできるデザインを備えたものが必要とされます。その際には、当然、地権者の生活再建や総合的な資産マネジメント機能を加味することが必要です。

また計画住宅地の再生は、開発当時の先進的取り組みが価値を創造しえなかった事由を探りつつ、次世代の価値あるスタイルを再構成するチャンスです。**膨大なニュータウンや郊外の住宅地等の再生は、東京スタイルの創生をも意味している**と思えます。

- **パターンⅣ：最新の技術を反映し、常に新たな姿に変容する**

おもちゃ箱のような街の姿は、自由で力のある表象でもあります。同時に東京はどのように変化しても「江戸」の「かたち

・こころ」が消えることもないでしょう。無駄とも見えるダイナミックな常に変化している街並みや住まい方、言い換えれば**「変わらないものの価値」に対する「変わり得る価値」も並存するのが、東京の特質の一つ**かもしれません。

東京に来れば、いつでも世界の最新のデザインや技術を駆使した空間が見られるようなエリアがあってもおもしろく、近年の都心・副都心、そしてそれらの周辺エリアは、そのような様相を呈していますので、さらに徹することも良いかもしれません。

住宅業界もこれまでは景気の良否にかかわらず、結局は量をベースに議論されてきましたが、最終的には価値ある住宅・都市は、住宅産業自体の価値向上にもなるとの観点から「東京スタイル」の構築、特にパターンⅢの実現に向けて業界が一団となって取り組むことを期待したいところです。

10 世界から移住したくなる国土空間へ

1　日本の国土形成の基本方向

住宅の資産価値は行きつくところ、国土全体の空間価値に依存することになります。将来にわたって多くの人々から住みたい、欲しいと思わせる住空間は、すなわち都市空間であり、国土空間であるということです。もちろん、広い国土ですから、その空間の性格はさまざまです。どの国も、安全で快適な空間から危険で住むに堪えない空間まで、多様な空間を包含していることは当たり前です。翻って日本の国土空間をみてみると、幸いなことに全体的に安全性は高く、安心感のある地域社会の上に四季の変化のある美しい自然が残されています。

この日本の**美しく管理されてきた自然を、残念ながら日本人はあまり高く評価していません**。もちろん数百年前から、山林はヨーロッパのように禿山になったことはなく、植林をしながら維持してきています。昨今は戦後の杉の大量な植林や、その後の間伐等の管理が不十分となっている事実はあり、一部では深刻な地域もあります。しかし、まだまだ、回復可能なレベルの状況です。

全国の都市部には、自然を模した日本庭園が全国的に造られており、現在に至るまで数百年にわたって大事に管理されてきています。少子高齢化・人口減少が続き、地方消滅等といわれていますが、これまでも継続的に地方活性化、地方創生が大きな政策テーマとなってきました。そのなかで地方に遺されている多くの財産が見逃されてきています。最近になって、ようやく海外からの評価による地域資源の再評価が行われつつあります。

極論すれば、**人口が半分になっても、全国ベースで安全・安心な社会を維持しつつ、美しい自然が残され、観光面などで活用可能なマネジメントがされていれば、多くの交流人口が維持でき、また、その貴重な空間を目指して、世界から一定レベルの人達の居住ニーズや企業立地ニーズが高まります。**

特に世界のセレブたちにとって、社会的な安定性は何よりも得難いものとして高く評価されるはずです。地震や台風、河川氾濫等の大規模災害は、大きな課題であることは間違いありません。しかし、過去の災害の経験を踏まえて、これらへのハード・ソフト面での対象は、高いレベルにありますし、今後とも関連の研究を進め、必要な政策を講じ続けることにより、高い信頼性を得られると思われます。

留意すべきは、海外からの多くの居住者・就業者・観光客を受け入れた際に、**これまでの社会的安定性を壊さないこと**です。そのためには急がないことです。インバウンドの目標値を設定したり、不用意に労働力補完のための移民等を促進しないことです。足りない労働力等は、まずはIT、AIを最大限活用することが重要です。少なくとも四半世紀単位で考えるべきでしょう。

2　グリーンアイランド構想

（効率的・快適・安全・安心な美しい国土空間の形成）

以上のような国土空間形成をまとめたものが「グリーンアイランド構想」です。

日本は一度も荒廃させることなく森林国土を持続させてきた世界に類を見ない先進国ですが、ほとんど国内外にアピールされていません。しかも、安全性は群を抜いており、社会全体の運営は安定しており・効率的です。

わが国の経済は海外に依存せざるを得ませんが、製品や都市開発の輸出だけではなく、海外の膨大な資金・資源を導入することが重要です。

一部の外資系投資ファンドは大都市等の個別事業には投資実績はありますが、さらに海外投資家の眼を日本へ向けさせるためには、まずは自らが日本の資源と可能性を再評価することであり、世界的にも貴重な限られた空間であることを知らしめることが重要です。

経済大国を維持しながらも、最大の環境大国になれるのは日本であり、この空間は膨大な経済価値を有しているということがポイントです。緑や環境は、ほとんど社会貢献の言葉でしたが、実は経済価値の源泉でもあります。

同時に高いリターンをも求める投資家が恐れる開発リスクが最も低いのも、わが国であり、国際的に誇れる持続的な国土形成が十分可能な資源と、社会・経済的な背景とともに日本の安全性を再評価する時期です。そして、**この島全体をサステナブ**

ルな環境空間とする「構想力」とその実現への「意思」が不可欠です。

今こそ、従来の「東京と地方の対峙」を超えて、真の次世代の「国土のかたち」「グランドデザイン」の構想が不可欠であり、本来は**国の戦略会議で対応すべき最優先課題**であるといえるでしょう。

この構想は、新たな国際的な需要を喚起するものであり、これを元にして海外マーケットを目標とした、最先端技術の集約、デザインも含めた持続的な資産価値増大プロジェクトの展開が重要です。本プロジェクトは、資産価値のある環境の実現とともに、海外からの企業・住民を受け入れるための器であり、将来の日本の活力を担う重要なポイントでもあります。

◆グリーンカントリー

「国のかたち」の根幹は、地方のあり方に依存しているとも言えます。わが国の田舎は、無残な景観、古びた温泉街、荒れた農地・山林に象徴されますが、本来は**国際的に通用する美しい自然・景観そして安全等の潜在的価値は高いため、それを国際的にアピールすることにより、世界の眼を向けさせることは十分可能**です。交付金の削減や、公的事業主体の縮減、開発資金の縮小等の政策方向ですが、地方の安全性、効率性、技術性、文化等を再評価し、さらに環境技術を付加して、日本列島全体を世界に売り込むチャンスであり、これなくしては、日本全体の先細りは止められないと思います。

◆グリーンシティ

同時に、まだ大きな開発ポテンシャルがある首都圏への新たな構想が不可欠です。

人口減少時代に向けた縮退政策も論じられますが、地域からの積み上げではない次世代の首都圏ビジョンを構築すべきです。これまでも首都圏全体を見据えたメガロポリス構想や、50年先を見据えたビジョンはありましたが、海外資本をもターゲットにした長期的な地域経営的視点の構想は、あまりありませんでした。欧州での膨大な都市資産を築いた思想（100年間は投資期間、その後に持続的に大きく回収する等）の視点が必要です。

3　スーパーサバービアの実現

近代的計画郊外住宅地は、ハワードによる英国の田園都市（1903年のレッチワースが第一号）を嚆矢として、欧米にそれぞれの国や地域の事情（米国ではラドバーン等）を反映してさまざまな形態で展開してきました。日本でも、1911年にはすでに小林一三が住宅地を分譲し、その後、田園都市株式会社の設立等により多くの開発が行われましたが、その大半はベッドタウンに終わってしまっています。**ハワードの思想の原則のなかでも「土地所有の一元化」「自立した都市経営」**は、今後とも重要です。日本では、計画的住宅地は多くつくられてきたものの、これらの観点が欠けており、売り切り型で経営管理のない住宅地づくりでした。しかし、ようやく近年改めて、一元的管理としての「エリアマネジメント」の重要性が認識されてきました。

さらに言えば、ハワードが当初目指した「都市と農村の融合」に基づいた整備は、実際にはどこにも実現していませんが、日本のそれぞれの都市の状況に応じて、改めて、郊外の都市空間の新しいコンセプトとして導入してもいいかもしれません。またハワードは、「地域格差」是正の思想を持っており、**「現在の都市よりも魅力的な「場」を創り出すこと、すなわち、都市生活と農村生活の二者択一ではない第三の魅力ある場を創り出すこと」を提案**しました。そのまま日本の現代の地域格差に当てはめることはできませんが、補助や支援頼みではなく、より高い魅力づくりが、各地域での格差是正のポイントであることを改めて感じさせます。単に社会派的提案ではなく、実際にその「場」（レッチワース等）をつくり、それらが100年を経過した今でも価値が増加しているだけに、説得力があります。

住宅の価値は、立地する地区の熟成にかかっていることは言うまでもありませんが、残念ながら、その意図を明確に反映し、実態として成熟した住宅地は極めて少ないものです。

かつては郊外住宅地の一戸建て住宅は「住宅双六」の上がりでしたが、今や上がりの一つの選択であり、また、上がりにするにはあまりにも狭小であり、成熟していない住宅・住宅地です。

パワービルダー等による低廉な一戸建て住宅地と、街並みを売りにした分譲地等が、特徴的な動きとしてみられましたが、いずれも現実的なニーズには応えてはいるものの、たった20年先でも価値が維持できるとは思えません。街並みや防犯等の管理面への関心は高まっていますが、問題は街並み等を、将来にわたり継続的に維持管理できるかです。30～40年前から街並みを意識し、建築協定を締結した郊外住宅地はかなりありましたが、その後の継続的なマネジメントの欠如により、それらの多くは残念ながら当時の面影がみられません。

全国ベースだと、持家・一戸建ての土地面積は約300㎡であり、住宅面積も約130㎡であり、それなりの規模ではあります。しかし東京およびその近郊では、住宅面積はともかく土地面積は半減します。地方に比べて狭いことは当然かもしれませんが、広大な関東平野に立地する住宅地として、果たして止むを得ないことでしょうか。少なくとも、今後は需要が減少し、土地が余る状況になり、縮退が問題になっている時代です。米国では都心部が衰退し、郊外地域が過度に車依存の広大な市街地形成がされてきました。地方都市はともかく、東京圏は活気ある安全な都心部を有し、最高水準の鉄道網が張り巡らされています。車依存どころか、道路網の未整備のため、車を十分に使いきれていないとさえいえます。

東京圏は都心部と郊外部が両立しており、郊外地域をさらにゆとりある生活空間にすることにより、世界的な都市化・メガシティー化における大都市圏整備の見本となり得る可能性があると考えられます。

これまでは国土が狭いから、土地が高いから等の理由によりあきらめていましたが、本来は十分広く、土地も今後は更地ではなく、優良な上物により価格が決まるため、ゆとりある郊外住宅地の整備は、目標として成立すると考えられます。まずは、**300～500㎡の土地に200㎡以上の住宅を目指すべきでしょう**。すでに多くの宅地が細分所有されているなかでの、この目標はかなり困難ですが、このまま手をこまねいていると、50年を経過しても居住水準は変わらず、価値は低下し、未利用宅地が散在する膨大な郊外空間が形成されてしまうことは明らかです。

鉄道網をベースにした車社会におけるゆとりある郊外生活を享受できる住宅地を「**スーパーサバービア**」と呼び、新たな目標とすることが必要です。かつてのニュータウンは、ある意味で同様の主旨でありましたが、あまりにも急激な需要圧力と、売り切りタイプの事業であったため、成熟しないまま現在に至り、再生問題を抱えることになっています（ただし、優れたインフラ水準のおかげで再生の力はあります）。
「スーパーサバービア」の実現には、まずは購入者自体がそれを可能な目標として認識することです。そして、自らマネジメント（米国型のHOAタイプを主流として）を行い、同時に自治体との役割・負担の合理的な分担が必要とされます。また、その住環境の管理業務の採算性確保、そして管理・修繕を含むトータルコストを明確にすることも必要です。

東京圏の将来の行政計画は、広域地方計画として現在検討中ですが、世界のどの都市圏よりもポテンシャルは高く、多様な特性があります。住宅と都市圏全体の熟成、そして都市と農業とは表裏一体ですので、都市と農業の一体的開発のコンセプトであるアグリカルチュラル・アーバニズムの導入も可能であり、都市圏政策での位置づけがより重要となります。

今後の郊外住宅地は、都市圏全体を広く使いつつ、広域的な環境（緑の大廻廊等）**の実現、さらには都市農業**（観光も含む産業化及び市民利用等）**との関連も意識することが必要となります**。これは、住宅地自体が経年的に熟成する一つのポイントでもあり、また同時に、地球環境面から都市圏全体での機能配置が大きな課題となるため、住宅地整備もこの観点を考慮することが必要となります。その意味から、今後の住宅政策は、あらゆる関連政策との連携が一層求められることになり、その結果、国民の住まいであり財産である「住宅」に成果が集約されることになります。

11 資産マネジメント意識と資産マネジメント

住宅の購入には住宅ローンによることが大半であり、これが人生最大の大きな負担・支出になっています。

近年は、保険の横断的な比較サイトや相談所の設置、銀行等による資産管理・運用相談、さらにはトータルライフプランニング等のサービスが各種業界にて提供されつつあり、特に、相続対応等での遺言信託等も脚光を浴びています。

しかし、**それぞれの業界や専門家（弁護士やFP等）が対応しているため、住宅を中心とする資産形成全体に包括的に取り組むことができていない**のが実態です。

資産マネジメントは、あらゆる分野にかかわっていますので、これらを包括的に扱えることが重要です。もちろん、一人ですべてに対応することは不可能ですので、関係する専門家・企業間の連携・協働が必要となります。そのためには核となる**「資産マネジメント組織」**なるものが、他と連携・協働することにより対応することが重要です。

これは資産全体をマネジメントすることになりますので、資産を「信託」するという考え方がわかりやすいかもしれません。「信託」を活用するには、信託法や信託業法等の法律に基づくことになりますが、まずは資産を信託されるという概念で、資産マネジメントを考えることが重要です。

たとえば、図表５－10に示すように、従来は個別に検討してきた、各種保険、住宅購入や住宅ローン、不動産の活用、相続問題等は相互に関連していますので、これらを包括的にマネジメントすることが重要です。

年代や家族構成、世帯収入・保有資産等が、それぞれ異なりますので、**ライフスタイル・ライフステージに応じたコンサルティングが重要**です。そのうえで、最も大きな支出になる住宅取得の具体的な提案や、その活用・相続まで含めた具体的な提案が必要とされます。

図表５－10　信託を軸にした資産マネジメントの構図

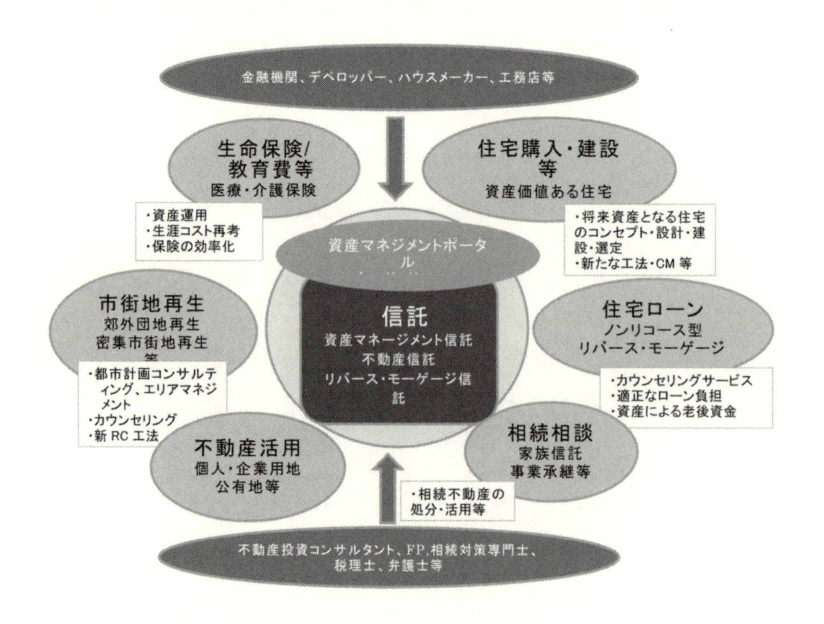

おわりに

日本は、多くの分野で世界水準以上のパフォーマンスをしていますが、住宅については残念ながら劣後していると言わざるを得ません。すなわち、長年にわたる膨大な額の住宅ローン負担が資産となっていません。それでも、安全・安心で効率的な社会は、この住宅が資産でないことを何とかカバーできていましたが、かえって、資産化への取り組みがおろそかになってしまい、本来得られるはずの豊さが実感できていません。

本書で取り上げた諸施策は、多くの主体が従来の対応から脱却して多くの新たな対応を早期に実行・実現することが必要であり、これはとてつもなく大変なことのようですが、走り出せば、思うほど大きな障壁ではないと考えています。

日本の社会の安定性は群を抜いていますし、住宅市場自体は不完全ですが、マンションは終の棲家として認知され、多くはそれなりの立地条件を有していることからも、マンション市場は機能しています。

人口減少時代では総需要量自体は減少するため、住宅マーケットを構築するにあたってはこれまでのような大量供給は不要ですので、使える中古の物件を効果的にリノベーション・コンバージョンしながら、並行して、資産化可能な住宅の新規供給と都市全体の資産化を図ることが重要です。

また、土地自体は十分ありますので、早期に整備するエリアと長期的な対応を行うエリアとを区分して、目標を定めて取り組むことが重要です。そのためには、需要に合わない過度な供給を避けることはもちろんのこと、都市の中心部と郊外部との連携的な対応、都市と農業とのパートナーシップを念頭に置いて、各地の状況に応じたアグリカルチュラル・アーバニズム、スーパーサバービア等の新たなコンセプトを住宅・都市・農業政策に組み込むことが重要です。

さまざまな形態の住宅が、毎年100万戸程度供給されています。当面はこの水準を保持できると思われますので、この期間に供給される住宅・住環境を資産化すべく対策を講じることにより、一定の住宅マーケットの構築が可能と考えられます。

都市は永続的なものですので、慌てることはありませんが、**ポテンシャルのある2030年を当面の目標**として考えていくべきだと思われます。

本書は「一般社団法人　不動産総合戦略協会」（リーサ）設立の記念出版として位置づけられています。リーサは国民の生活を豊かにするための適正な不動産投資を図るために、幅広い情報提供と高度で総合的な知見を有する専門家等による協働のプラットフォーム」ですが、不動産の価値は先ずは「住宅」の価値からとの思いから、包括的な啓蒙書として本書を世に出しました。これをきっかけにして住宅そして不動産全般の資産化を図ることにより、国民の資産向上を目指したいと思っています。

本書では住宅が資産となるための様々な提案をしてきましたが、まずは「隗より始めよ」です。

参考資料

＜著者資料：書籍・寄稿・セミナー等＞

- 「土地総合研究」（2016年8月号）（リバース・モーゲージ特集）（2016.1　一般社団法人　土地総合研究所）
- 中古市場における住宅金融の役割への期待（銀行実務　644号）（2013.1　銀行研修社）
- 長期優良住宅向け「新型住宅ローン」のスキームとポイント（銀行実務629号）（2011.10　銀行研修社）
- 信託改革＜金融ビジネスはこう変わる＞（2005.5　日本経済新聞社）共著
- 日本版リバース・モーゲージの実際知識（1998.1　東洋経済）共著
- 超高齢社会の常識「リバース・モーゲージ」（1997.12　日経BP社）共著
- 高齢社会における資産活用の方向（1996.4　日本住宅総合センター）共著
- もうひとつの団地再生（2017.12.2　AHLA（もうひとつの住まい方推進協議会））　フォーラム2017
- 特集　人口縮小社会－住まい方からまちづくりを考える－（日本デザイン学会誌　デザイン学研究特集号　第23巻4号通巻92号）
- 「住宅・金融シンポジウム　住宅の価値創造と豊かな住生活」住宅金融フォーラム主催（2008.11.21　住宅金融支援機構等）
- 「住宅の長寿命化（真の資産価値創造に向けて）」「第60回建

設経済定期セミナー」（2007.10.10 (財) 建設物価調査会、建設経済統計研究会）

- 「基本法施行を機に政策の飛躍を」「住宅産業新聞（第1380号～）」(2007.3.28～、10回連載）

＜統計関連＞

- 住宅・土地統計調査（国土交通省）
- 住宅着工統計（国土交通省）

＜参考図書＞

- 日米欧の住宅市場と住宅金融（独立行政法人住宅金融支援機構調査部　編著/一般社団法人金融財政制事情研究会）
- 解決！　空き家問題（中島寛子）ちくま新書
- フローの住宅・ストックの住宅（戸谷英世）井上書院
- アメリカの家・日本の家（戸谷英世）井上出版
- 最高の工務店をつくる方法（戸谷英世）エクスナレッジ
- 住宅ローンのマネジメント力を高める（本田信孝）一般社団法人金融財政事情研究会　株式会社きんざい
- ホームプランによる注文住宅（営業販売から請負契約まで）（NPO　住宅生産性研究会）
- 200年住宅誕生（三澤千代治）プレジデント社
- 早くて安くて強い家（早川義之）東洋経済
- かえりみえれば－2000年より1887年（エドワード・ベラミー）研究社
- ドイツのまちづくり（春日井道彦）学芸出版

- はじめませんか！　もうひとつの住まい方-時代を先取りした70の事例集（2015.6　もうひとつの住まい方推進協議会）

<参考文献>

- 次世代住宅ローンシステム構築に関する報告書（2011.3　長期優良住宅ローン推進研究協議会）
- 超長期優良住宅地経営管理マニュアル（2009.4　NPO住宅生産性研究会）
- 日本の住宅産業体質改善のシナリオ（2001.5　NPO住宅生産性研究会）
- アメリカの住宅ローン市場に関する調査研究報告書（2003.4　㈱価値総合研究所）

【著者紹介】

村林　正次（むらばやし　まさつぐ）

一般社団法人　不動産総合戦略協会（RESA：リーサ）　理事長

40年にわたり㈶日本開発構想研究所、㈱住信基礎研究所（現三井住友トラスト研究所）、㈱価値総合研究所という異なる形態の３つの組織を経て、シンクタンク・コンサルタントとして住宅・都市・国土政策、都市開発等に関する先駆的な調査研究・事業計画策定・政策立案業務に従事。

その中で、「国民は豊かさを十分感じていない」、「住宅・都市・国土は資産としての価値が十分ではない」という問題意識を持ち、適正な不動産投資を推進することが重要であると認識。「国民の資産形成の構築」「住宅・都市・国土の資産化」に向けての包括的な取組みをするための多分野の専門家による協働プラットフォーム構築を図る「一般社団法人 不動産総合戦略協会」を設立。

住宅が資産になる日

2018年8月5日　初版発行

著　者　　村　林　正　次

発行人　　今　井　　修

印　刷　　奥村印刷株式会社

発行所　　プラチナ出版株式会社

〒160-0022　東京都中央区銀座１丁目13-1

ヒューリック銀座一丁目ビル７F

TEL 03-3561-0200　FAX03-3562-8821

http://www.platinum-pub.co.jp

郵便振替　00170-6-767711（プラチナ出版株式会社）

落丁・乱丁はお取り替えします。

ISBN978-4-909357-24-3